Ibn 'Arabi/Balyani

KNOW YOURSELF

Ibn 'Arabi/Balyani

Know Yourself

Erläuterung der Einheit des Seins
An explanation of the oneness of being

Aus arabischen Manuskripten, zugeschrieben
Muhyiddin Ibn 'Arabi
und
Awhad al-din Balyani

·

Übersetzung aus dem Arabischen ins Englische
Cecilia Twinch

Übersetzung ins Deutsche
Anama Frühling

advaita media

Reihe *Klassische Weisheitstexte*

IBN 'ARABI / BALYANI
Know Yourself
Erläuterung der Einheit des Seins | An explanation of the oneness of being

advaitaMedia – *Weisheit aus der Stille*
Am Gutspark 1
D-23996 Saunstorf
info@advaitamedia.com
www.advaitamedia.com

Übersetzung aus dem Arabischen ins Englische: Cecilia Twinch
Übersetzung aus dem Englischen: Anama Frühling
Lektorat: Marianne Schollen, Francis Ryan
Umschlaggestaltung und Satz: Katja Dorow-Schwart
Ausschnitt der illuminierten Kalligrafie „Bismallah",
Anne-Elisabeth Seevers, Hamburg
Druck & Bindung: Docupoint Magdeburg

Die Herausgabe dieses Buches wurde durch die
finanzielle Unterstützung von Till Teckentrup ermöglicht.

2. Auflage 2025
ISBN 978-3-936718-76-8

Die englischsprachige Ausgabe mit dem Titel
„KNOW YOURSELF – AN EXPLANATION OF THE ONENESS OF BEING"
wurde herausgegeben von ©Beshara Publications, Cheltenham, UK, 2011.

Bibliografische Information der Deutschen Nationalbibliothek.
Die Deutsche Nationalbibliothek verzeichnet diese Publikation in der Deutschen
Nationalbibliografie; detaillierte bibliografische Daten sind im Internet über
http://dnb.d-nb.de abrufbar.

Wir sprechen mit denen, die
energisch und entschlossen nach Selbst-Erkenntnis
streben, um Gott zu erkennen, und die
das Bild ihrer Suche und Sehnsucht nach Einssein
mit Gott frisch in ihrem Herzen bewahren.

We are speaking with those who have
determination and energy in seeking knowledge
of their self in order to know God, and who
keep fresh in their heart the image of their
seeking and longing for union with God.

INHALTSVERZEICHNIS

Vorwort

Die unlösbare Verbindung von Wahrheit und Liebe, von Liebe und Wahrheit hat eine wundersame Anziehungskraft, der sich ein wirklich wacher Mensch nicht entziehen kann. Ein Beispiel dafür haben wir mit diesem Buch vor uns, das seine Entstehung in genau der hier vorliegenden Form dem bewussten Dienen von Menschen verdankt, die einem inneren Ruf gefolgt sind. Oberflächlich könnte man es eine Kette glücklicher Umstände nennen.

Hier seine Geschichte: Ein Schüler des spirituellen Meisters OM C. Parkin stößt bei einer Reise nach England auf ein – äußerlich kleines – Buch von Ibn 'Arabi/Balyani (die Autorschaft wird beiden zugeschrieben, was völlig gleichgültig ist) mit dem Titel *Know Yourself – An explanation of the oneness of being* und erkennt intuitiv den hohen Wert dieser jahrhundertealten Sufischrift. Das arabische Manuskript wurde von der Arabistin und Islamistin Cecilia Twinch mit wissenschaftlicher Sorgfalt ins Englische übertragen und mit einer gelehrten Einführung versehen. Der Verlag *Beshara Publications* brachte das Buch im Jahre 2011 heraus, es erlebte bisher vier weitere Auflagen.

Die bescheidene Anfrage des besagten Schülers, ob dieses Buch für unseren Verlag *advaitaMedia* von Interesse sei, erfuhr ein klares Ja, denn „The Oneness of Being" ist der Fokus von *advaitaMedia.* Auf unsere Anfrage nach den Veröffentlichungsrechten gab *Beshara Publications* freundlich und komplikationslos grünes Licht, sagte Kooperation beim Lektorat der deutschen Fassung zu und folgte unserem

Wunsch nach einer zweisprachigen Ausgabe (deutsch-englisch), denn die englische Fassung ist von solch sprachlicher Feinheit und Brillanz, dass sie uns neben einer deutschen Übersetzung unentbehrlich erschien. Mit Anama Frühling war schnell eine bewährte und mit spirituellen Inhalten vertraute Übersetzerin gefunden; dank der zuverlässigen Zusammenarbeit mit Marianne Schollen und Francis Ryan von *Beshara Publications* erhielt der Text seine endgültige Form.

Zwei bemerkenswerte Zugaben bereichern diese Ausgabe: Meiner Bitte um ein Geleitwort wurde von Peter Hüseyin Cunz, Vorsteher des Sufi-Ordens der Mevlevi in der Schweiz, freundlich und großzügig entsprochen. Zudem verdanken wir der Künstlerin Anne-Elisabeth Seevers die Erlaubnis zur Wiedergabe des zentralen Teils der von ihr geschaffenen Illumination der Kalligraphie BISMALLAH – „Im Namen Gottes des Barmherzigen des Allerbarmers“. Und zu guter Letzt: Der „Entdecker“ dieser Kostbarkeit hat durch die Übernahme der Druckkosten die Herausgabe dieses Buchs in der vorliegenden Form großzügig gefördert.

Der Dank, der alle einschließt, die mitgewirkt haben, ist ein weit größerer. All das hier Mitgeteilte berechtigt den Schluss: Dieses Buch ist gesegnet. Möge die Leserschaft an diesem Segen teilhaben.

Dr. Rüdiger Porep
advaitaMedia im Juli 2024

Geleitwort

zur deutschen Ausgabe

Jeder Versuch, die Wirklichkeit zu beschreiben, erschöpft sich in einem Herantasten an die Großartigkeit Gottes, in welcher jedes Argument, ja jedes Wort verblasst. Treffend hat erstmals der große Sufi-Meister Mansur al-Halladsch (857–922) das bei den Sufis beliebte Gleichnis des Nachtfalters geprägt, der vom Kerzenlicht angezogen wird, um es herumflattert, um am Schluss in der Kerzenflamme zu verbrennen.

Auch wenn wir Menschen das höchste Maß an intellektuellem Wissen erreicht haben, bleibt uns der Blick in die unendlichen Weiten verborgen, die auch der schärfste Verstand nicht erfassen kann. Das Wissen um solche Grenzen, um die Anbindung an Raum und Zeit und die Beschränktheit des Verstehens gehören zu jeder geistigen Schulung, gleichzeitig mit der Erweckung der inhärenten Sehnsucht nach der letztendlichen Einheit allen Seins. Eine seriöse geistige Schulung wird auch vermitteln, dass keine Religion und kein spiritueller Weg die absolute Wahrheit für sich beanspruchen kann, dass aber ohne Einbettung in eine Grenzen setzende religiöse oder spirituelle Lehre kein geistiger Weg sichtbar wird.

Die über Jahrhunderte bewährten Weltreligionen können mit dieser Denkweise als Modelle verstanden werden, die den Suchenden dort eine Orientierung offerieren, wo keine Worte und keine Vorstellung mehr genügt. So haben denn auch die größten Mystiker – wenn sie sich nicht zum Rückzug ins Schweigen entschieden – mit Worten gerungen, um die Einheit allen Seins beschreiben zu können. Es ist der Versuch, mit der Sprache um das Licht der absoluten Wahrheit herumzukreisen und so sich an diese heranzutasten, damit die Schülerinnen und Schüler davon eine Ahnung erhalten mögen.

Ibn ʿArabi war ein zutiefst gläubiger Muslim. Sein gesamtes immenses Werk ist ein bis auf die Spitze getriebener Ausdruck islamischer Weisheit eines Philosophen und Gott ergebenen Mystikers in einem. Vieles wurde über ihn und einzelne seiner Bücher, Traktate und Gedichte geschrieben, doch wer Ibn ʿArabi nicht nur akademisch, sondern in seiner gesamten Tragweite verstehen will, muss – so fordern es etliche muslimische Gelehrte – aufrichtige Liebe zum heiligen Koran und zum Propheten Muhammad in sich tragen und die arabische Sprache gut beherrschen. Wo dies nicht gegeben ist, so diese Gelehrten, bestehe das Risiko zu einer Art intellektueller Akrobatik innerhalb der Gefängnismauern der eigenen Vorstellung. Dies ist nicht ganz von der Hand zu weisen, denn insbesondere in der heutigen Zeit des New Age trifft man auf Deutungen, die dem Wesen Ibn ʿArabis bei weitem nicht gerecht werden. Nichtsdestotrotz, solche Deutungen kategorisch zu verwerfen, dünkt mich etwas übertrieben. Ich denke, dass auch innerhalb einer nicht-muslimischen Lehre das Werk von Ibn ʿArabi zu dienlichen Erkenntnissen führen kann.

Als Muslim erlaube ich mir, einige Hinweise aus der Perspektive des Islams zu geben. Wenn im Rahmen des Monotheismus von der „Einheit allen Seins“ gesprochen wird, muss die Schöpfungsgeschichte konsultiert werden.

Es ist die Erzählung von der Erzeugung Adams, des ersten Menschen, seinem Rauswurf aus dem Paradies und der Zusicherung Gottes, dass eine Rückkehr ins Paradies möglich und erwünscht ist. In der Sprache des Islams bedeutet „sich selbst zu kennen“, die Qualität bzw. das Wesen Adams in uns selbst zu erkennen, was die Erinnerung ans Paradies und an den Rauswurf aus dieser Einheit mit einbezieht. In anderen Worten bedeutet dies, sich seiner inhärenten Sehnsucht nach dem absolut einheitlichen Ursprung seiner selbst gewahr zu werden und zuversichtlich seinem Weg dorthin nachzugehen. Wer ist dieser Adam, der unserem Selbst entspricht?

Gott erschuf Adam aus Erde und gab ihm Leben durch das Einhauchen Seines Atems. Es ist eine jüdische Geschichte, aber auch die Christen kennen diese aus dem Alten Testament ihrer Bibel. Der Rauswurf Adams aus dem Paradies erfolgte, nachdem dieser eine Frucht vom Baum der Erkenntnis gegessen hatte. Unter den Sufis, den islamischen Mystikern, wird dieser Teil der Schöpfungsgeschichte als das Erschaffen des dem Menschen zugeordneten Intellekts verstanden. Es ist die Fähigkeit zu erkennen, abzuwägen und Entscheidungen zu treffen, sowie sich mit Wissen zu bereichern. Solches ist nur in Distanz zur Einheit möglich.

Mit dem Erschaffen Adams und seinem Potenzial des Erkennens war der Zweck der Schöpfung erfüllt. Der Mensch ist die Krönung der Schöpfung. Zur Bezeugung dessen rief Gott noch vor dem Rauswurf Adams aus dem Paradies alle seine Engel zu sich und verlangte von ihnen, sich vor Adam niederzuwerfen. „Ich weiß, was ihr nicht wisst“, sagte Gott zu ihnen. Alle Engel gehorchten, außer dem Erzengel Iblis.

Dieser erinnerte sich an Gottes Befehl anlässlich des Erschaffens der Engel, nämlich: „Ihr dürft euch vor niemandem niederwerfen außer vor Mir." In anderen Worten: „Ihr Engel dürft nur Mich als Bezug wählen und niemandem Folge leisten außer Mir."

Gott sagte zu Iblis: „Du bist fürwahr mein größter Engel. Du wirst nun die schwierigste Aufgabe in Meiner Schöpfung übernehmen: Du wirst mit einer Armee von Engeln das Böse vertreten und als Gegenspieler zu Meinem Aspekt des Guten wirken. Als Satan mit seinen Teufeln wirst Du den Menschen in seiner Sehnsucht nach Einheit stören, ihn vom Weg in seine paradiesische Heimat ablenken, sein Herz mit Schleiern überdecken und ihm den Wunsch nach Selbstverwirklichung und Selbständigkeit einflößen."

Warum erzähle ich dieses Verständnis der Sufi? Einerseits muss Polarität und Dualität existieren, um Erkenntnis zu ermöglichen, und andererseits braucht es auch den Wunsch nach Erkenntnis: In jedem Menschen ist von Anbeginn seiner Erschaffung die Sehnsucht nach der paradiesischen Einheit eingepflanzt. Der christliche Mystiker Meister Eckhart nannte es „das Seelenfünklein", und der bekannte Sufi-Meister Dschelaleddin Rumi sprach von der Glut, welche zu einem Feuer erweckt werden muss, damit dem Drang nach der Einheit bewusst Folge geleistet wird. Der Name dieses Dranges ist „Liebe" – die aber nur in ihrer edelsten Form mit dem Wissen um die Einheit allen Seins verbunden ist.

Liebe kennt viele Facetten, wie die sexuelle Liebe, die romantische und platonische Liebe, die narzisstische Liebe, die Liebe zu Reichtum und Luxus, die Liebe zu Macht und Einflussnahme, die Liebe nach dem Besitz des anderen, und so fort. Jede Form der Liebe beruht auf dem tief in uns eingepflanzten Drang nach Einheit, doch der noch nicht erwachte Mensch ist sich dessen nicht bewusst. Adam jedoch war sich dessen voll bewusst, weswegen er im Islam als erster Prophet verstanden wird – die erste Schnittstelle zwischen dem Jenseits und dem Diesseits in menschlicher Form. Seine zerstrittenen Söhne Kain und Abel hatten diese Erinnerung bereits verloren; sie repräsentieren uns normale Menschen, die unaufhörlich der Selbstbestätigung und Selbstverwirklichung nacheilen und erst in Zeiten des Kummers und der Not sich für das Jenseits zu interessieren beginnen.

Das Bewusstsein über unsere Sehnsucht nach der letztendlichen Einheit wird uns helfen, die tiefgründige Schönheit des hier vorliegenden Traktates zu genießen. Die Tiefgründigkeit zeigt sich schon darin, dass keine „Lösungen" festgehalten werden. Jede plausibel erscheinende Aussage wird durch eine andere relativiert. Schon zu Beginn nach der Lobpreisung Gottes belässt der Autor die Aussage des Propheten, „Wer sein Selbst kennt, kennt seinen Herrn.", nicht so stehen, ohne gleich danach das gegensätzlich erscheinende Prophetenwort, „Ich erkannte meinen Herrn durch meinen Herrn.", beizufügen. Der Erkennungsprozess beginnt also nicht etwa mit erhöhtem Selbstbewusstsein, sondern mit der Gnade Gottes. Am Anfang jeder Mystik steht die unwiderrufliche Bereitschaft, das Ich mit dem Selbstbewusstsein und der Vorstellung von Selbstwert zu opfern und sich demütig ganz dem Einen Gott hinzugeben. Es ist die Geschichte Abrahams mit seiner Bereitschaft, seinen Sohn Ismael (im Judentum Isaak genannt) zu opfern.

Der vorliegende Text ist ein Konzentrat mystischen Gedankenguts. Es ist darum höchst erfreulich, wenn an solchen

Werken geforscht und der Aufwand nicht gescheut wird, mit sorgfältigen Übersetzungen den Interessierten solche Texte zugänglich zu machen. In diesem Sinne gratuliere ich Cecilia Twinch für ihre wertvolle Forschungsleistung und Anama Frühling für die Übersetzung ins Deutsche. Dem Verlag *advaitaMedia* bekunde ich meine Wertschätzung für die Veröffentlichung, welche – so Gott es will – viele nach Erkenntnis Suchende erreichen möge.

Peter Hüseyin Cunz
Vorsteher des Sufi-Ordens der Mevlevi in der Schweiz
im Juni 2024

Einführung

Du selbst bist das Objekt deiner Suche

Dieses kurze Buch führt in eine Sicht der Welt ein, die ganz anders ist als die Sicht, die viele Menschen vertreten. Für manche erfüllt es vielleicht den Zweck, vorgefasste Meinungen zu erschüttern und eine völlig neue Perspektive auf ein mitfühlendes und reagierendes Universum zu eröffnen. Es spiegelt den sehnlichen Wunsch wider, über die peripheren Ungewissheiten des täglichen Lebens hinauszugelangen und für uns selbst Gewissheit in der Einheit des Seins zu finden, die unablässig durch alles fließt, was ist.

Dies ist die erste deutsche Übersetzung der englischen Wiedergabe des ersten vollständigen Werks, das Ibn 'Arabi zugeschrieben wird und das in einer westlichen Sprache erschienen ist. Diese und die vorangehenden englischen Übersetzungen haben dazu beigetragen, Ibn 'Arabis Namen im letzten Jahrhundert im Westen wieder bekannt zu machen, auch wenn heute viele Gelehrte Balyani, fast ein Zeitgenosse Ibn 'Arabis, für den Autor halten, der sehr wohl von Ibn 'Arabis Gedanken beeinflusst sein könnte.

Für die englische Übersetzung wurden mehrere arabische Manuskripte aus Bibliotheken im Vereinigten Königreich, der Türkei und Syrien verwendet. Allein die Menge der verfügbaren Manuskripte zeigt, welche Popularität dieses Buch seit mehr als sieben Jahrhunderten genießt und wie oft es von Hand kopiert wurde. Dabei muss man jedoch im Auge behalten, dass sich bei jeder Abschrift eines Manuskripts

Fehler, Änderungen und vom Kopisten hinzugefügte Anmerkungen einschleichen können. Obwohl der Text also im Wesentlichen gleichbleibt, gibt es oft viele kleine Veränderungen des allgemeinen Themas. Insbesondere gibt es auch Änderungen des Titels und des Autors, dem das Werk zugeschrieben wird.

Der bekannteste Titel des Buches ist *Abhandlung über die Einheit (Risalat al-ahadiyya)*, der dem Titel eines Werkes ähnelt, das definitiv von Ibn 'Arabi stammt, *Das Buch der Einheit (Kitab al-ahadiyya)* oder *Das Buch von Alif.*[1]

Weitere Titel sind: *Abhandlung über das Sein, Das Buch von Alif, Das Buch der Antworten, Das Buch des Selbst* oder *Er (huwa), Abhandlung über die absolute Einheit, Über die Geheimnisse der Einheit (tawhid), Über die Einheit des Seins und über denjenigen, der Gott kennt.* Viele der Manuskripte tragen als Titel oder als Untertitel: *Über die Bedeutung des Ausspruchs des Propheten Muhammad, Friede sei mit ihm, ‚Wer sein Selbst kennt, kennt seinen Herrn'.*

Diese Ausgabe von *Erkenne dich selbst* soll so zugänglich wie möglich sein für Menschen, die kein Arabisch können und nicht unbedingt viel über den kulturellen Kontext des Buches wissen. Im mittelalterlichen Arabisch wurden keine Großbuchstaben und keine Interpunktion verwendet. Gelegentlich werden in einigen Manuskripten der Titel und bestimmte Phrasen – zum Beispiel *Wenn dich jemand fragt* und *Dann ist die Antwort* – mit rotbrauner Tinte geschrieben, um sie von der schwarzen Tinte des restlichen Textes zu un-

1 Dies mag einen Teil der Verwirrung erklären, die in Bezug auf die Urheberschaft des Werkes entstanden ist. Der Inhalt dieser beiden Bücher ist jedoch recht unterschiedlich. Siehe *Rasa 'il Ibn 'Arabi* (Beirut: Dar Sadir, 1997), S. 44–57; ins Englische übersetzt von Abraham Abadi in *Journal of the Muhyiddin Ibn 'Arabi Society*, 2 (1984), S. 15–40.

terscheiden. Im modernen Druck können wir Layout und Kursivschrift verwenden, um den Text klarer zu machen, wie zum Beispiel bei der Wiedergabe von Gedichten, während im arabischen Text normalerweise einfach ‚Gedicht' steht, um den Anfang anzuzeigen. Wie bei den oben bereits erwähnten Phrasen wird auch in dieser Ausgabe Kursivschrift anstelle von Anführungszeichen verwendet, um direkte Rede, Zitate aus dem Koran und überlieferte Aussprüche des Propheten Muhammad zu kennzeichnen. Am Ende des Buches befindet sich eine Liste dieser Zitate, gegebenenfalls mit Koranverweisen. Um den Fluss des Textes nicht zu stören, gibt es keine Anmerkungen im Text selbst. Es gibt jedoch einige Anmerkungen der Übersetzerin nach dem Text, um Schlüsselbegriffe und Vorstellungsweisen zu erklären.

Ibn 'Arabi
(gest. 1240)

Die Welt ist Einbildung, doch in der Wirklichkeit ist sie Wirklich.[2]

Ibn 'Arabi wurde 1165 in Murcia, Spanien, geboren und verbrachte die eine Hälfte seines Lebens im Westen und die andere Hälfte im Osten. Als er acht Jahre alt war, zog er mit seiner Familie nach Sevilla, wo er den Rest seiner Spanienzeit verbrachte, obwohl er auch viele Reisen nach Andalusien und Nordafrika unternahm. Als Jugendlicher fühlte er eine besondere Berufung von Gott und zog sich von der Welt zurück. Während dieser Zeit hatte er eine spirituelle Vision, begleitet von drei Propheten der abrahamitischen Religionen, Jesus, Moses und Mohammed. Er studierte die islamischen Schriften und alle traditionellen Wissenschaften, lernte von vielen spirituellen Meistern[3] und begann, Bücher zu schreiben. Sein ganzes Leben lang hatte er weiterhin viele mystische Erfahrungen, Visionen und Einsichten und unzählige Begegnungen mit außergewöhnlichen Menschen, die sich auf dem spirituellen Weg befanden.

Im Jahr 1200 brach er zu seiner Pilgerreise nach Mekka in den Osten auf, die ihn über Nordafrika, Ägypten, Hebron (die Grabstätte Abrahams) und den Felsendom in Jerusalem

---

2 *Fusus al-hikam, ed. A. 'wAffifi* (Beirut: Dar al-Kitab al- Arabi, 1946), S. 159. Siehe das Gedicht am Ende des Kapitels über Salomo in den im Literaturverzeichnis aufgeführten Übersetzungen.

3 Siehe R.W.J. Austin, *Sufis of Andalusia* (Sherborne, Glos.: Beshara Publications, 1988).

führte. Er ließ sich für eine Weile in Anatolien nieder, wo er Sadruddin al-Qunawi als seinen spirituellen Erben unterwies; Sadruddin al-Qunawi war ein Zeitgenosse von Rumi, und später, in Konya, wurden die beiden enge Freunde und Kollegen. Ibn 'Arabi machte weiterhin ausgedehnte Reisen nach Anatolien, in den Irak und die wichtigsten Städte des Nahen Ostens.

Während dieser ganzen Zeit schrieb er und gab denjenigen, die darum baten, spirituellen Rat. Schließlich ließ er sich in Damaskus nieder, wo sich auch sein Grab befindet.

Ibn 'Arabi schrieb mehr als 300 Bücher, von denen etwa 93 bis heute erhalten geblieben sind.

Es wurden ihm noch viele weitere Werke zugeschrieben, von denen jedoch die meisten, neueren Forschungen zufolge, nicht von ihm stammen. Seine Hauptwerke sind die *Fusus al-hikam* (*Die Ringsteine der Weisheit*) und die *Futuhat al-makkiyya* (*Mekkanische Offenbarungen*).[4] Sein Werk wird im Westen immer bekannter, da immer mehr Übersetzungen, Studien und Artikel über ihn verfügbar werden.

Am bekanntesten ist er für seine Lehren über die Einheit des Seins *(wahdat al-wujud)* und die Vollkommenheit des Menschen. Ibn 'Arabi beschreibt die Welt als die Veräußerlichung einer einzigen verborgenen Wirklichkeit. Alles, was wir als Schöpfung betrachten, ist eine göttliche Selbstoffenbarung, die sich in jedem Augenblick immer wieder in verschiedenen Formen erneuert. Von allen Geschöpfen hat allein der Mensch die Fähigkeit, die vollständige Offenbarung zu empfangen, da er alle Ebenen der Existenz umfasst. Jeder Mensch hat das Potenzial, ein vollkommener Spiegel der

4 Siehe die Bibliographie für englische Übersetzungen der *Fusus* und Passagen aus der *Futuhat*.

Wirklichkeit zu werden und somit alle Aspekte des Lebens in ausgewogener und angemessener Weise zu integrieren. Die Bewegung der Existenz ist vor allem die Bewegung der Liebe um der Offenbarung der Schönheit willen.

Ibn 'Arabi bleibt eine der einflussreichsten Persönlichkeiten in der islamischen Welt. Wie S.H. Nasr sagte, wäre es keine Übertreibung zu sagen, dass Ibn 'Arabi während der letzten sieben Jahrhunderte die einflussreichste intellektuelle Persönlichkeit des Islam auf der ganzen Welt war.[5]

Heute wird sein Werk im Westen, wo er geboren wurde, aufgrund des universellen Aspekts seines Denkens wieder zunehmend bekannt. Es gibt inzwischen eine Fülle von Informationen über sein Leben und sein Werk, die aus Forschung und Wissenschaft[6] hervorgegangen sind, sowie viele Übersetzungen seiner Werke ins Englische und in andere europäische Sprachen.

---

5 Seyyed Hossein Nasr, *Islamic Philosophy from its Origin to the Present* (Albany, New York: SUNY Press, 2006), S. 135.

6 Siehe z.B. Stephen Hirtenstein, *The Unlimited Mercifier: The spiritual life and thought of Ibn 'Arabi* (Oxford: Anqa Publishing, 1999).

Awhad al-din Balyani

(gest. 1287)

Die Wahrheit ist: Du kannst keinen anderen sehen als Gott, denn zweifellos sind beide Welten nichts anderes als Er.[7]

Awhad al-din Balyani, auch bekannt als Abu 'Abdallah Balyani, war ein Sufi-Scheich aus der Region in Persien, die als Schiraz bekannt ist. Man weiß nur sehr wenig über ihn, und man hört seinen Namen derzeit nur in akademischen oder in Sufi-Kreisen. In ihren Forschungen über ihn haben sich sowohl Michel Chodkiewicz[8] als auch James W. Morris[9] maßgeblich auf die biografische Anmerkung in einem Buch aus dem 15. Jahrhundert über das Leben der Heiligen, *Nafahat al-uns* (*Der Atem der Intimität*), des persischen Schriftstellers Jami (gest. 1492)[10] gestützt, der aus der Schule von Ibn 'Arabi stammte und einen berühmten Kommentar zu Ibn 'Arabis *Fusus al-hikam (Die Ringsteine der Weisheit*) geschrieben hat.

Von Jami erfahren wir, dass Balyani von einer Sufilinie abstammte, die auf Abu 'Ali Daqqaq zurückging, dessen Schwiegersohn und spiritueller Erbe Qushayri (gest. 1074)

---

7 Aus einem Gedicht von Balyani, zitiert in James W. Morris, 'Jami's description of Abu Abdallah Balyani: Theophany or "Pantheism"?: the Importance of Balyani's *Risalat al-Ahadiyya*', in *Horizons Maghrebins*, 30 (Toulouse, Winter 1995), S. 43-50.

8 Michel Chodkiewicz, *Épître sur l'Unicité Absolue (Treatise on absolute Unity – Risalat al-wahda al-mutlaqa)*, (Paris: les Deux Océans, 1982).

9 Siehe Anmerkung 7 oben.

10 'Abd al-Rahman Jami, *Nafahat al-uns*, ed. M. Tawhidipur (Teheran: 1957), S. 258-62.

war, der Autor eines wichtigen Artikels über den Sufismus, den Ibn 'Arabi in seinem Buch über die Sufis von Andalusien erwähnt.[11] Spirituell stammte er von Abu Najib al-Suhrawardi (gest. 1168) ab, dem Gründer des Suhrawardiyya-Sufi-Ordens. Daraus können wir schließen, dass Balyani zutiefst von der Sufi-Kultur geprägt war. Weiterhin erfahren wir, dass er elf Jahre lang auf dem Berg Ligam in Abgeschiedenheit lebte und viel Zeit mit Sufi-Meistern verbrachte. Balyani berichtet, dass sein Vater zu sagen pflegte: „Was immer ich von Gott erbat, gab ich (meinem Sohn) 'Abdallah; was Gott mir wie ein kleines Guckloch öffnete, öffnete er (meinem Sohn) wie ein weit aufstehendes Tor."[12]

An anderer Stelle wird Balyani als ein Schüler des mystischen Dichters Shushtari (gest. 1269) bezeichnet. Shushtari war ein herausragender Schüler des Andalusiers Ibn Sab'in (gest. 1270), eines unmittelbaren Zeitgenossen von Ibn 'Arabi. Wie Ibn 'Arabi wurde auch Ibn Sab'in in Murcia geboren und verbrachte einige Zeit in Nordafrika, Ägypten und Mekka, wo er starb. Trotz der vielen Unterschiede im Verständnis dessen, was als Einheit des Seins oder Einheit der Existenz *(wahdat al-wujud)* bei Ibn 'Arabi und Ibn Sab'in bekannt wurde, ist es sehr wahrscheinlich, dass Ibn 'Arabis Werk und Denken einen tiefen Eindruck auf Ibn Sab'in machte. Ein möglicher Unterschied besteht darin, dass Ibn Sab'in und auch Balyani tendenziell die illusorische Natur der Welt betonen, Ibn 'Arabi hingegen nicht die Realität der Welt leugnet, sondern die Welt als Ort der Selbstoffenbarung Gottes betrachtet.

---

11 Siehe Austin, *Sufis of Andalusia,* S. 71. *Abu'l-Qasim al-Qushayri, Al-Qushayri's Epistle on Sufism,* Übers. Alexander Knysh (Reading: Garnet, 2007).

12 Morris, 'Jami's description', S. 47; siehe auch Chodkiewicz, *Épître,* S. 22.

Balyanis nachdrückliche Betonung von ‚Nur Gott' hat einige Kommentatoren dazu veranlasst, dieses Buch als potenziell gefährlich anzusehen, da es zu Missverständnissen über die Natur der Realität führen kann, wenn es ohne die Einbettung in seinen gesamten spirituellen und kulturellen Kontext und der damit verbundenen praktischen Ausbildung betrachtet wird. Dies mag in früheren Zeiten durchaus zutreffend gewesen sein, aber in der heutigen globalen Gesellschaft, in der Informationen über alles und jedes gewöhnlich sehr leicht verfügbar sind, muss jeder Einzelne Unterscheidungskraft aufbringen und den Wert dessen, was ihm angeboten wird, für sich selbst einschätzen. Das entbindet jedoch nicht von der Notwendigkeit, auf dem spirituellen Weg eine zuverlässige, praktische Anleitung zu finden, seinen gesunden Menschenverstand zu gebrauchen, rationale Überlegungen anzustellen und intellektuellen Scharfblick aufzubringen, sowie angemessene moralische Verpflichtungen und Verantwortlichkeiten zu beachten. Dieses Buch ist ein flüchtiger, poetischer Einblick in etwas, das sich in einem umfassenden spirituellen und kulturellen Zusammenhang entfaltet hat. Obwohl es als eigenständiges Werk gelesen werden kann, sollte auch die folgende Geschichte als Warnung berücksichtigt werden.

In der Einleitung zu seiner Übersetzung von Balyanis *Epistel über die absolute Einheit*[13] erzählt Michel Chodkiewicz diese Geschichte über Scheich Awhad al-din Balyani, die von Jami in seinem Buch *Nafahat al-uns* (*Atemzüge der Intimität*) niedergeschrieben wurde:[14]

---

13 Chodkiewicz, *Épître,* S.22-3.

14 Die englische Übersetzung der Geschichte stammt aus Chodkiewiczs französischer Version, *Épître,* S. 22-23; auch übersetzt von Morris in seinem Artikel „'Jami's description", S. 48.

Einer der Schüler des Scheichs hatte sich auf einen Berg zurückgezogen. Eine Schlange kam in seine Nähe und er versuchte, sie zu packen. Die Schlange biss ihn und seine Glieder begannen anzuschwellen. Der Scheich erfuhr davon und schickte nach seinem Schüler.

Dann sagte er zu ihn: „Warum hast du nach der Schlange gegriffen, so dass sie dich gebissen hat?"

„Oh Meister", antwortete der Schüler, „du hast selbst gesagt, dass es nichts gibt außer Gott. Als ich die Schlange erblickte, sah ich nur Gott. Ich fasste Mut und packte sie!"

Der Scheich antwortete: „Wenn Gott sich dir als Teil einer furchterregenden Macht offenbart, laufe weg! Halte dich fern von Ihm, sonst wird dir das Gleiche wieder passieren!"

Dann hieß er ihn Platz zu nehmen und sagte: „Unterlasse solche waghalsigen Handlungen bis du Ihn ganz genau kennst."

Danach sprach er einige Beschwörungsformeln und blies seinen Atem über ihn. Die Schwellung ging zurück, und der Schüler war geheilt.

Erkenne dich selbst

Erläuterung der Einheit des Seins

Über die Bedeutung der Worte
des Propheten Mohammed
(Gott segne ihn und schenke ihm Frieden)

Wer sein Selbst kennt, kennt seinen Herrn

Im Namen Gottes,
des Allbarmherzigen, des Allgnädigen

Gepriesen sei Gott, dessen Einheit kein Vorher kennt, es sei denn, das Vorher ist Er, und dessen Einzigkeit kein Nachher kennt, es sei denn, das Nachher ist Er. Er Ist, und es gibt mit Ihm kein Vorher und kein Nachher, kein Oben und kein Unten, keine Nähe und keine Ferne, kein Wie, kein Wo und kein Wann, keine Zeit, keinen Augenblick und keine Dauer, keine manifestierte Existenz und keinen Ort. *Und Er ist jetzt, wie Er immer war.* Er ist der Eine ohne Einheit und der Einzigartige ohne Einzigartigkeit. Er besteht nicht aus Namen und Benanntem, denn Er ist Sein Name und Er ist das Benannte und es gibt keinen Namen und kein Benanntes außer Ihm. Er ist der Erste, ohne der Erste zu sein, und der Letzte, ohne der Letzte zu sein. Er ist der Offenbare, ohne sich zu offenbaren, und der Verborgene, ohne sich zu verbergen. Ich meine damit, dass Er die wahre Existenz der Buchstaben der Namen ist, der Erste und der Letzte, der Offenbare und der Verborgene. Es gibt keinen Ersten und keinen Letzten, keinen Offenbaren und keinen Verborgenen außer Ihm, wenn nicht die Buchstaben, die diese göttlichen Namen bilden, zu Ihm werden, und Er zu diesen Buchstaben wird.

Verstehe dies, damit du nicht den Fehler derer begehst, die an eine Inkarnation glauben. Er ist in nichts und nichts ist in Ihm, ob es nun in Ihn eingeht oder aus Ihm heraustritt. Auf diese Weise solltest du Ihn erkennen und weder durch theoretisches Wissen, Vernunft, Verstehen oder Vermuten, noch durch die Sinne, die äußeren Augen oder durch innere Sicht oder Wahrnehmung. Niemand sieht Ihn außer Ihm selbst, niemand gelangt zu Ihm außer Ihm selbst und niemand kennt Ihn außer Ihm selbst. Er kennt Sich durch Sich Selbst und Er sieht Sich durch Sich Selbst. Niemand außer Ihm sieht Ihn. Sein Schleier ist Seine Einheit, denn nichts außer Ihm verschleiert Ihn. Sein eigenes Wesen verschleiert Ihn. Sein Wesen ist durch seine bedingungslose Einheit verborgen.

Kein anderer als Er sieht Ihn. Kein gesandter Prophet, kein vollkommener Heiliger oder Engel, der in Seine Nähe kommt, kennt Ihn. Sein Prophet ist Er, Sein Bote ist Er, Seine Botschaft ist Er und Sein Wort ist Er. Er hat Sich Selbst von Sich Selbst, durch Sich Selbst zu Sich Selbst gesandt. Es gibt keinen anderen Mittler, kein anderes Mittel als Ihn. Es gibt keinen Unterschied zwischen dem Absender, dem Gesandten und demjenigen, an den es gesandt wird. Die Existenz der prophetischen Botschaft selbst ist Seine Existenz. Irgendein anderer, der vergehen, der einen Namen haben oder benannt werden könnte, existiert nicht.

Deshalb sagte der Prophet, Gott segne ihn und schenke ihm Frieden: *Wer sein Selbst kennt, kennt seinen Herrn.* Er sagte auch: *Ich erkannte meinen Herrn durch meinen Herrn.* Was der Prophet damit sagen wollte, ist, dass du nicht du, sondern Er bist und es kein du gibt. Es ist nicht so, dass Er in dich eingeht oder dass du in Ihn eingehst, oder dass Er aus dir heraustritt oder dass du aus Ihm heraustrittst. Das bedeutet nicht, dass du ein Sein hast und durch diese oder jene Eigenschaft bezeichnet wirst. Gemeint ist, dass du nie warst und niemals sein wirst, weder durch dich noch durch Ihn, weder in Ihm noch mit Ihm. Du hast weder aufgehört zu sein, noch existierst du. Du bist Er und Er ist du, ohne irgendeine dieser Unvollkommenheiten. Wenn du deine Existenz auf diese Weise kennst, dann kennst du Gott, und wenn nicht, dann kennst du Ihn nicht.

Die meisten, die behaupten, Gott zu kennen, machen die Kenntnis Gottes vom Vergehen der Existenz und vom Vergehen dieses Vergehens abhängig. Das ist eindeutig ein Irrtum und ein Missverständnis. Für die Kenntnis Gottes ist das Vergehen der Existenz oder das

Vergehen dieses Vergehens nicht erforderlich, denn die Dinge haben keine Existenz und was nicht existiert, kann nicht vergehen. Vergehen setzt die vorherige Existenz dessen, was vergeht voraus. Wenn man sich selbst kennt, ohne zu existieren und zu vergehen, dann kennt man Gott, und wenn nicht, dann kennt man Ihn nicht.

Indem man die Kenntnis Gottes von dem Vergehen der eigenen Existenz und dem Vergehen dieses Vergehens abhängig macht, bejaht man die Existenz von etwas anderem als Gott. Der Prophet sagte: *Wer sein Selbst kennt, kennt seinen Herrn.* Er sagte nicht: *Wer sein Selbst auslöscht, kennt seinen Herrn.*

Euer Sein ist nichts, und was nichts ist, kann nicht in Beziehung zu etwas anderem gesetzt werden, ob es nun vergehen kann oder nicht und ob es existiert oder nicht existiert. Der Prophet verwies auf die Tatsache, dass du jetzt ebenso wenig existierst, wie du vor der Schöpfung existiert hast, denn jetzt ist Ewigkeit-ohne-Anfang und jetzt ist Ewigkeit-ohne-Ende, und jetzt ist Zeitlosigkeit. Gott ist das wahrhafte Sein der Ewigkeit-ohne-Anfang, der Ewigkeit-ohne-Ende und der Zeitlosigkeit, obwohl es in Wirklichkeit keine Ewigkeit-ohne-Anfang, keine Ewigkeit-ohne-Ende und keine Zeitlosigkeit gibt. Wenn es anders wäre, wäre Er nicht allein, ohne irgendeinen anderen. Es ist jedoch notwendig, dass Er allein ist, ohne einen anderen, denn jeder andere würde durch sich selbst existieren und nicht durch Gottes Sein. Dann würde dieser andere Gott nicht brauchen und wäre somit ein zweiter, was unmöglich ist. Es gibt keinen anderen, der Gott gleich oder ähnlich ist.

Wer irgendetwas neben Gott sieht, sei es aus Ihm oder in Ihm, aber abhängig von Ihm kraft Seiner Herrschaft, der hat auch dieses Ding zu einem Teilhaber Gottes gemacht, obwohl dieser Teilhaber kraft Seiner Herrschaft von Ihm abhängig ist. Wer zulässt, dass es irgendetwas neben Gott geben könnte – sei es aus sich selbst heraus oder durch Ihn, sei es im Zustand des Vergangen-Seins oder im Zustand des Vergehens des Vergehens – ist weit davon entfernt, den Duft der Selbst-Erkenntnis zu atmen.

Denn wer akzeptiert, dass es außer Ihm noch ein anderes Wesen geben könnte, wenn es auch durch Ihn und in Ihm existiert und dann in aufeinanderfolgenden Stadien des Vergehens und des Vergehens des Vergehens vergeht – was Polytheismus über Polytheismus und keinesfalls Erkenntnis des Selbst ist –, ist ein Polytheist (der an viele Götter glaubt), und er kennt weder Gott noch sich selbst.

Wenn jemand fragt: Was ist der Weg zur Erkenntnis des Selbst und zur Erkenntnis Gottes?

Lautet die Antwort: Er besteht in dem Gewahrsein, dass Gott *ist* und *nichts neben Ihm existiert. Und Er ist jetzt, wie Er immer war.*

Wenn dann jemand sagt: Ich sehe mich selbst als anders als Gott und ich sehe Gott nicht als mich selbst.

Lautet die Antwort: Der Prophet meinte mit dem Wort ‚Selbst' dein Sein und deine wahre Wirklichkeit und nicht das Selbst, das man das anschuldigende Selbst oder das niedere Selbst nennt, oder das Selbst, das als das vertrauensvolle und friedvolle Selbst bekannt ist. Als das Selbst bezeichnete er alles, was anders ist als Gott, beispielsweise als er sagte: *O Gott, zeige mir die Dinge, wie sie sind*, wobei er mit ‚Dinge' alles meinte, was anders ist als Gott; das heißt: *Lass mich erkennen, wer Du wirklich bist. Lass mich wissen, was anders ist als Du, damit ich weiß, was die Dinge wirklich sind – ob sie Du sind oder anders als Du, ob sie ewig und beständig sind oder neu in Erscheinung tretend und vergänglich.*

Da zeigte Gott ihm, dass das, was anders ist als Er, Er Selbst ist, und dass das, was anders als Er Selbst ist, nicht existiert. So sah er die Dinge, wie sie sind, d.h. er sah sie als die Essenz Gottes in Seiner Erhabenheit ohne Wie oder Wo. Das Wort ‚Dinge' bezieht sich auf das Selbst und auf andere Dinge, denn die Existenz des Selbst und die Existenz der Dinge sind gleich, insofern, als sie ‚Dinge' sind. Wenn du die Dinge kennst, kennst du dich selbst und wenn du dich selbst kennst, kennst du den Herrn. Denn was du für etwas anderes als Gott hältst, ist nichts anderes als Gott, aber du weißt es nicht. Du siehst Ihn und du weißt nicht, dass du Ihn siehst.

Wenn dir dieses Geheimnis offenbar wird, wirst du wissen, dass du nichts anderes bist als Gott, sondern dass du selbst das Objekt deiner Suche bist. Du brauchst dein Selbst nicht loszuwerden. Du hast nicht aufgehört zu existieren und wirst auch nicht aufhören zu existieren, ohne Zeit und ohne Augenblicke, wie wir schon erwähnt haben. Du wirst Seine Eigenschaften als deine Eigenschaften sehen, dein Äußeres als Sein Äußeres, dein Inneres als Sein Inneres, dein Erstes als Sein Erstes und dein Letztes als Sein Letztes, ohne jeden Zweifel und jede Ungewissheit. Du wirst deine Eigenschaften als Seine Eigenschaften erkennen und dein Wesen als Sein Wesen, ohne dass du zu Ihm wirst und dass Er auch nur im Geringsten zu dir wird.

Alles vergeht außer Sein Antlitz, sowohl äußerlich als auch innerlich. Das bedeutet, dass es nichts außer Ihm gibt. Nichts außer Ihm hat Sein und muss daher vergehen, so dass nur Sein Antlitz bleibt. Es gibt nichts außer Sein Antlitz.

Es ist so, als ob Menschen, die etwas nicht kennen, es dann kennen lernen. Sie hören nicht auf zu existieren, aber ihre Unkenntnis hört auf. Ihre Existenz bleibt, wie sie war, ohne gegen eine andere ausgetauscht zu werden, und ohne dass die Existenz der unwissenden Menschen der Existenz der wissenden Menschen hinzugefügt oder mit ihr vermischt wird: Nur die Unwissenheit verschwindet.

Denke also nicht, dass du vergehen musst, denn wenn es notwendig wäre, zu vergehen, würde das bedeuten, dass du Sein Schleier bist. Er würde also von etwas anderem als Sich Selbst verschleiert werden. Das würde voraussetzen, dass etwas anderes als Er Macht über Ihn hat, das Ihn daran hindert, gesehen zu werden. Das ist ein Irrtum und ein Missverständnis. Wie bereits gesagt wurde, ist Sein Schleier nichts anderes als Sein Einssein und Seine Einzigartigkeit. Deshalb dürfen diejenigen, die die wesentliche Wahrheit erkannt haben, sagen: *Ich bin die Wahrheit* oder *Ehre sei mir.* Niemand hat Ihn wirklich erreicht, es sei denn, sie sehen ihre Eigenschaften als die Eigenschaften Gottes und ihr Wesen als das Wesen Gottes, ohne dass ihr Wesen oder ihre Eigenschaften jemals in das Wesen Gottes eingehen oder aus Ihm hervorgehen und ohne in Bezug auf Gott zu vergehen oder in Gott zu verbleiben. Sie sehen, dass ihr Selbst nie ihr eigenes war und nicht, dass es war und dann verging. Denn es gibt kein

Selbst außer Seinem Selbst, und es gibt kein Sein außer Seinem Sein. Darauf wies der Prophet hin, als er sagte: *Verflucht nicht die Zeit, denn Gott ist die Zeit,* und Gott, der gesegnet und erhaben ist, hat keinen Teilhaber, der Ihm gleich oder Ihm ähnlich ist.

Es wird auch berichtet, dass der Prophet sagte: *Der erhabene Gott sagte: ‚O Kind Adams, Ich war krank, und du hast Mich nicht besucht, Ich war hungrig, und du hast Mich nicht gespeist, Ich habe dich um etwas gebeten, und du hast es Mir nicht gegeben…'.* Dies weist auf die Tatsache hin, dass das Wesen des Menschen, der bittet, Sein Wesen ist. Wenn das akzeptiert wird, wird auch akzeptiert, dass dein Wesen Sein Wesen ist, und auch das Wesen aller geschaffenen Dinge, ob sie nun Substanz haben oder Zufall sind, Sein Wesen ist.

Wenn das Geheimnis eines Atoms entdeckt ist, wird das Geheimnis aller geschaffenen Dinge klar erkennbar, seien sie nun sichtbar oder verborgen. Du siehst die beiden Welten nicht als etwas anderes als Gott, auch wenn die beiden Welten und ihre Namen und das, was sie benennen, nicht existieren – oder vielmehr, ihre Namen und das, was sie benennen, und ihre Existenz sind ohne jeden Zweifel Er. Du siehst Gott nicht so, als hätte Er jemals etwas erschaffen, sondern als erschiene Er ohne jede Einschränkung *jeden Tag in einer anders zusammengesetzten Gestalt,* die Ihn manchmal offenbart und manchmal verbirgt, denn *Er ist der Erste und der Letzte, der Offenbare und der Verborgene, und Er hat Kenntnis von allem*. Er offenbart Sich in Seiner Einheit und verbirgt Sich in Seiner Einzigartigkeit. Er ist der Erste in Seinem Wesen und Seiner Eigenständigkeit und der Letzte in Seiner Unvergänglichkeit. Der Erste und der Letzte, der Offenbare und der Verborgene sind Seine wahren Namen und Sein wahres Wesen. Er ist Sein eigener Name und das, was benannt wird. Genauso wie Seine Existenz notwendig ist, ist auch die Nichtexistenz dessen, was anders ist als Er, notwendig. Was du für etwas anderes als Ihn hältst, ist nichts anderes als Er. Er ist frei von allem anderen, es gibt nichts anderes als Ihn. Etwas anderes als Er ist tatsächlich Er ohne jedes andere neben Ihm oder in Ihm, im Inneren oder im Äußeren.

Wer in der Lage ist, das zu erkennen, hat unzählige Eigenschaften, unbegrenzt und ohne Ende. Genauso wie die Menschen, deren physische Form vergeht, all ihrer Eigenschaften, ob lobenswert oder tadelnswert, enteignet werden, so werden den Menschen, die einen mystischen Tod sterben, alle ihre Eigenschaften, ob lobenswert oder tadelnswert, genommen und Gott tritt in all ihren Zuständen an deren Stelle. Die Essenz Gottes tritt an die Stelle ihres Wesens und die Eigenschaften Gottes treten an die Stelle ihrer Eigenschaften. Deshalb sagte der Prophet: *Stirb, bevor du stirbst,* das heißt, *erkenne dich selbst, bevor du stirbst.* Er sagte auch: *Gott sagt:*

Mein Diener nähert sich Mir weiterhin mit freiwilligen Handlungen, bis Ich ihn liebe. Und wenn Ich ihn liebe, bin Ich sein Ohr, sein Auge, seine Hand..., was sich auf die Tatsache bezieht, dass diejenigen, welche ihr Selbst kennen, ihr ganzes Sein als das wahrhaftige Sein Gottes sehen ohne irgendeine Veränderung ihres Wesens oder ihrer Eigenschaften. Es besteht keine Notwendigkeit für eine Veränderung, da diese Menschen nicht als eigene Wesen existierten, sondern lediglich ihr wahres Selbst nicht kannten.

Wenn du dich selbst kennst, verschwindet dein Egoismus und du weißt, dass du kein anderer bist als Gott. Hättest du eine unabhängige Existenz, hättest du kein Bedürfnis nach Vergehen oder Selbsterkenntnis. Du wärest somit ein Jemand neben Ihm, aber es gibt niemand außer Gott, der segensreich und erhaben ist.

Der Nutzen der Erkenntnis des Selbst besteht in dem sicheren Wissen, dass du weder existierst noch nicht existierst, dass du nicht bist, nie gewesen bist und nie sein wirst. So wird die Bedeutung von *Es gibt keinen Gott außer GOTT* klar: Es gibt keine andere Gottheit als Ihn, nur Er hat Sein, es gibt keinen anderen außer Ihm, es gibt keinen anderen Gott als Ihn.

Wenn jemand sagt: Du machst Seine Souveränität überflüssig.

Dann lautet die Entgegnung: Ich mache Seine Souveränität nicht überflüssig, denn Er hat nicht aufgehört, sowohl Herrscher als auch Beherrschter zu sein, so wie Er auch nie aufgehört hat, sowohl Schöpfer als auch das Geschaffene zu sein, *und Er ist jetzt, wie Er immer war.* Seine Schöpferkraft und Seine Souveränität bedürfen nicht dessen, was geschaffen oder Ihm unterworfen ist. Als Er die Geschöpfe ins Leben rief, war Er bereits mit all seinen Eigenschaften ausgestattet, und *Er ist jetzt, wie Er schon immer war.* In Seinem Einssein gibt es keinen Unterschied zwischen dem Neuen und dem Ewigen*:* Das Neue erfordert Seine Manifestation und das Ewige erfordert Sein Verborgenbleiben. Sein Äußeres entspricht Seinem Inneren und Sein Inneres entspricht Seinem Äußeren; Sein Erstes ist dasselbe wie Sein Letztes und Sein Letztes ist dasselbe wie Sein Erstes, und alles ist eins und der Eine ist alles. Er wurde beschrieben als jeden Tag in einer anders zusammengesetzten Gestalt erscheinend, während es kein ‚Ding' außer Ihm gibt. *Und Er ist jetzt, wie Er immer war,* denn in Wirklichkeit hat das, was anders ist als Er, kein Sein. So wie Er in der Ewigkeit-ohne-Anfang und in der Zeitlosigkeit, als kein Ding existierte, jeden Tag in einer anders zusammengesetzten Gestalt erschien, so ist *Er jetzt, wie Er immer war,* obwohl es kein Ding und keinen Tag gibt, so wie es von Ewigkeit an kein Ding und keinen Tag gegeben hat. Die Existenz der Geschöpfe und ihre Nichtexistenz sind dasselbe.

Wäre es nicht so, müsste etwas entstanden sein, das nicht schon in Seinem Einssein enthalten war. Das würde Unvollkommenheit bedeuten, und Seine Einheit ist viel erhabener als das.

Wenn man sich selbst auf diese Weise kennt, ohne Gott ein Gegenteil, ein Ähnliches, ein Gleiches oder mit Ihm Verbundenes zuzuschreiben, dann kennt man sich wirklich. Deshalb sagte der Prophet: *Wer sein Selbst kennt, kennt seinen Herrn,* und nicht: *Wer sein Selbst loswird, kennt seinen Herrn*, denn er wusste und sah, dass es nichts anderes gibt als Ihn. Dann betonte er, dass die Kenntnis des Selbst die Kenntnis Gottes ist. Mit anderen Worten: *Erkenne dich selbst* oder *erkenne dein Wesen,* denn du bist nicht du, aber du weißt es nicht. Das heißt, wisse, dass dein Wesen weder dein Wesen noch etwas anderes als dein Wesen ist. Du bist weder existent noch nichtexistent, noch anders als existent oder anders als nichtexistent. Dein Sein und dein Nicht-Sein sind Sein Sein, ohne jedes Sein oder Nicht-Sein, denn dein Sein und dein Nicht-Sein sind dasselbe wie Sein Sein und Sein Sein ist dasselbe wie dein Sein und Nicht-Sein.

Wenn du also die Dinge siehst, ohne irgendetwas anderes neben Gott oder in Gott zu sehen, sondern die Dinge als Ihn siehst, dann kennst du dich selbst, und eine solche Kenntnis des Selbst ist die Kenntnis Gottes, ohne Zweifel oder Unsicherheit und ohne etwas Vergängliches mit dem Ewigen zu vermischen, sei es in Ihm oder durch Ihn.

Wenn dich nun jemand fragt: Was ist der Weg zur Vereinigung, wenn du behauptest, es gäbe keinen anderen als Ihn, denn es kann doch nicht irgendetwas mit sich selbst vereinigt werden?

Dann ist dies die Entgegnung: Es besteht kein Zweifel, dass es in Wirklichkeit weder Vereinigung noch Trennung, weder Ferne noch Nähe gibt, denn Vereinigung ist nur zwischen zwei Dingen möglich, und wenn es nur eines gibt, kann es weder Vereinigung noch Trennung geben. Die Vereinigung setzt zwei Dinge voraus, die entweder ähnlich sind – dann sind sie gleich –, oder unähnlich – dann sind sie Gegensätze. Er ist jedoch weit über jedes Gegenteil oder jedes Gleiche erhaben. Daher liegt die Vereinigung in etwas anderem als der Vereinigung, die Nähe in etwas anderem als der Nähe und die Ferne in etwas anderem als der Ferne. Da ist Vereinigung ohne Vereinigung, Nähe ohne Nähe und Entfernung ohne Entfernung.

Wenn jemand fragt: Wir verstehen Vereinigung ohne Vereinigung, aber was bedeutet Nähe ohne Nähe und Ferne ohne Ferne?

Dann lautet die Antwort: Ich meine, dass du in jenen Zeiten der Nähe und der Ferne nichts anderes warst als Gott, aber du kanntest dich selbst nicht und warst dir nicht bewusst, dass du immer Er warst, ohne ‚du'. Wenn du zu Gott gelangst, das heißt, wenn du dich selbst auf eine Weise kennst, die jenseits aller Einschränkungen ist, dann weißt du, dass du Er bist, und vorher wusstest du nicht, ob du Er oder etwas anderes als Er bist. Wenn Erkenntnis über dich kommt, weißt du, dass du Gott nur durch Gott erkennst und nicht durch dich selbst.

Nehmen wir zum Beispiel an, dass du nicht weißt, dass dein Name Mahmud ist, oder dass das, was dein Name benennt (das Benannte), Mahmud ist – denn der Name und das Benannte sind in Wirklichkeit ein und dasselbe – und dass du denkst, dass dein Name Muhammad ist. Wenn du dann erfährst, dass du in Wirklichkeit Mahmud bist, hörst du nicht auf, der zu sein, der du warst. Der Name Muhammad wird dir aufgrund deiner Selbsterkenntnis einfach weggenommen, weil du erkennst, dass du Mahmud bist und nur Muhammad warst, weil du aufgehört hattest, du selbst zu sein. Denn das Aufhören du selbst zu sein, setzt die Bejahung der Existenz von etwas anderem als Ihm voraus, und wer die Existenz von etwas anderem als Ihm bejaht, hat Ihm einen Zweiten hinzugefügt. Nichts wurde von Mahmud weggenommen: Muhammad ist nicht in Mahmud übergegangen, und Mahmud ist weder in Muhammad eingegangen oder aus ihm herausgetreten noch wurde Mahmud zu einer Inkarnation von Muhammad. Als Mahmud selbst erkannte, dass er Mahmud und nicht Muhammad war, erkannte er sich durch sich selbst und nicht durch Muhammad. Da es Muhammad nie gab, wie könnte denn etwas durch ihn erkannt werden?

Also sind der Erkennende und das Erkannte, derjenige, der etwas erreicht, und das, was er erreicht, ebenso wie der Sehende und das Gesehene eins. ‚Der Erkennende' ist Seine Eigenschaft und ‚das Erkannte' ist Seine Essenz und ‚der etwas erreicht' ist Seine Eigenschaft und das, ‚was er erreicht' ist Sein Wesen. In Wirklichkeit sind die Eigenschaft und das dem sie als Eigenschaft zugeordnet wird, eins. So erklärt sich das Sprichwort: *Wer sein Selbst kennt, kennt seinen Herrn.*

Wer dieses Beispiel versteht, weiß, dass es weder Einheit noch Trennung gibt. Der Erkennende ist Er und das Erkannte ist Er, der Sehende ist Er und das Gesehene ist Er, der etwas erreicht, ist Er und das, was er erreicht, ist Er. Kein anderer als Er gelangt zur Einheit, kein anderer als Er trennt sich von Ihm. Wer dies versteht, ist frei vom Dienst an vielerlei Göttern, und wer dies nicht verstanden hat, hat nicht den Duft dieser Freiheit von Vielgötterei geatmet.

Die meisten der ‚Wissenden', die glauben, sich selbst und ihren Herrn zu kennen, und die meinen, sie seien frei von den Fesseln des Daseins, behaupten, der Weg könne nur durch Vergehen, dann durch das Vergehen des Vergehens gegangen werden. Das liegt daran, dass sie die Worte des Propheten nicht verstehen; und weil sie glauben, frei von Vielgötterei zu sein, sprechen sie manchmal von der Verneinung des Daseins, d.h. vom Vergehen des Daseins, manchmal vom Vergehen des Vergehens und manchmal von der Auslöschung oder Vernichtung. Alle diese Ausdrücke sind eindeutig Vielgötterei, denn wer annimmt, dass es etwas anderes als Ihn geben könnte, das später vergehen und dessen Vergehen dann wieder vergehen kann, der behauptet, dass es etwas anderes als Ihn gibt, und wer das behauptet, ist einer, der vielen Göttern dient. Möge Gott ihn und uns auf den rechten Weg führen.

Du dachtest, du wärest du,
    aber du bist nicht du und warst es nie.
Denn wenn du du wärst, wärst du ein Jemand,
    und der zweite von Zweien.
    Gib diesen Gedanken auf.
Zwischen Seinem Wesen und deinem Wesen
    gibt es keinen Unterschied.
Er ist nicht anders als du
    und du bist nicht anders als Er.

Wenn du in Unwissenheit sagst, dass du anders bist,
bist du eigensinnig,
Aber wenn deine Unwissenheit verschwindet,
beugst du dich.
Denn deine Einheit ist Trennung,
deine Trennung ist Einheit,
Und dein Abstand ist Nähe –
dadurch wirst du passend.
Gib den Intellekt auf und verstehe
durch das Licht der Enthüllung,
Damit das, was du bewahrst,
dir nicht entflieht.
Würdige dich nicht herab, indem du anderes
mit Gott verbindest,
Denn anderes mit Gott zu verbinden,
ist herabwürdigend.

Wenn jemand sagt: Du weist darauf hin, dass die Erkenntnis deines Selbst die Erkenntnis Gottes ist, aber derjenige, der sich selbst erkennt, ist ein anderer als Gott. Wie kann also das, was anders ist als Gott, Gott erkennen und die Vereinigung mit Ihm erlangen?

Lautet die Antwort: Diejenigen, die ihr Selbst erkennen, wissen, dass ihr Wesen weder ihr Wesen, noch anders als ihr Wesen ist, sondern, dass sie das Wesen von Gott Selbst sind, ohne dass ihr Wesen zum Wesen Gottes wird oder in Gott eingeht oder aus Ihm heraustritt, und ohne dass ihr Wesen neben Ihm oder in Ihm existiert. Sie sehen ihr Wesen so, wie es war, bevor es entstand, ohne dass es des Vergehens, der Auslöschung oder des Vergehens des Vergehens bedarf. Denn das Vergehen von etwas setzt voraus, dass es vorher existierte, und das wiederum impliziert, dass es aus sich selbst heraus existiert und nicht durch die Macht Gottes, was eindeutig unmöglich ist. Es ist offensichtlich, dass das Wissen, das der Wissende von seinem Selbst hat, das Wissen ist, das Gott von Sich Selbst hat, weil sein Selbst nicht anders ist als Er.

Mit dem Wort ‚Selbst' meinte der Prophet das ‚Sein'. Das Sein derjenigen, die diese spirituelle Ebene erreicht haben, ist nicht mehr ihr Sein, weder innerlich noch äußerlich, sondern es ist das Sein Gottes Selbst. Ihre Rede ist Gottes Rede, Ihre Handlungen sind Gottes Handlungen und ihr Anspruch auf die Kenntnis Gottes ist ihr Anspruch auf die Kenntnis, die Gott von Sich Selbst durch Sich Selbst hat. Aber du hörst diesen Anspruch, als käme er von diesen Menschen, du siehst ihre Handlungen, als kämen sie von ihnen, du siehst sie als etwas anderes als Gott, so wie du dich selbst als etwas anderes als Gott siehst, weil du dein wahres Wesen nicht kennst. Denn *der Wahrhaftige ist der Spiegel des Wahrhaft Einen*, also ist er Er in Seinen Augen, das heißt, in Seiner Sicht.

Denn wenn sein Auge Gottes Auge und seine Sicht Gottes Sicht ist, ohne jede Einschränkung, dann ist er nicht Er durch dein Auge oder dein Wissen, dein Verständnis, deine Vorstellung, deinen Gedanken oder deine Schau, sondern er ist Er in Seinem Auge, Seinem Wissen und Seiner Schau. Wenn er dann sagt: *Ich bin Gott*, dann höre auf ihn, denn es ist Gott, der sagt: *Ich bin Gott*, nicht er. Aber du hast den Punkt noch nicht erreicht, den er erreicht hat, denn wenn du ihn erreicht hättest, würdest du verstehen, was er sagt, du würdest sagen, was er sagt, und du würdest sehen, was er sieht.

Zusammengefasst: Die Existenz der Dinge ist Seine Existenz, ohne dass sie existieren. Aber verfalle nicht in Verwirrung und lasse dich durch diese Hinweise nicht zu der Vorstellung verleiten, dass Gott geschaffen ist. Einer von den Wissenden hat gesagt: *Der Sufi ist ungeschaffen.* So ist es nach der vollständigen Enthüllung und der Auflösung von Zweifeln und Vermutungen. Aber diese spirituelle Nahrung ist nur für den Menschen, dessen Natur größer ist als die beiden Welten. Für den Menschen, dessen Natur nur so groß ist wie die beiden Welten, ist sie nicht geeignet, denn sie ist größer als die beiden Welten.

Letztendlich musst du wissen, dass der Seher und das Gesehene, der Finder und das Gefundene, der Erkennende und das Erkannte, der Schöpfer und das Geschaffene, der Wahrnehmende und das Wahrgenommene eins sind. Er sieht, erkennt und nimmt Sein Wesen mittels Seines Wesens wahr, jenseits jeder Art von Sehen, Erkennen und Wahrnehmen und ohne dass Sehen, Erkennen und Wahrnehmen existiert. So wie Sein Wesen jenseits aller Einschränkungen ist, so sind auch das Sehen, Erkennen und die Wahrnehmung, die Er von Sich Selbst hat, ohne Einschränkung.

Wenn jemand fragt: Wie siehst du all die abstoßenden und begehrenswerten Dinge? Wenn wir zum Beispiel Dung oder Aas sehen, sagen wir dann, dass das Gott ist?

Dann lautet die Antwort: Gott bewahre, dass Gott, der erhaben und geheiligt ist, so etwas sein soll. Wir führen das Gespräch mit denen, die Dung nicht als Dung und Aas nicht als Aas sehen. Wir sprechen nur mit denen, die mit innerer Schau begabt sind, und nicht mit denen, die innerlich blind sind. Alle, die ihr Selbst nicht kennen, sind blind und sehen nicht. Solange ihre Blindheit und ihr Mangel an Einsicht nicht verschwinden, werden sie diese Aussagen nicht begreifen. Unser Gespräch ist mit Gott, nicht mit anderen als Gott und nicht mit denen, die innerlich blind sind. Diejenigen, die diese spirituelle Stufe erreicht haben, wissen, dass sie nichts anderes sind als Gott. Wir sprechen mit denen, die energisch und entschlossen nach der Erkenntnis des Selbst streben, um Gott zu erkennen, und die das Bild ihrer Suche und Sehnsucht nach Vereinigung mit Gott frisch in ihrem Herzen bewahren, und nicht mit denen, die ohne Ziel und Absicht sind.

Wenn jemand den Einspruch erhebt: Gott hat erklärt, dass nicht *die Augen Ihn wahrnehmen, sondern Er die Augen wahrnimmt*. Er ist der Feinsinnige und Allwissende, doch ihr behauptet das Gegenteil. Also ist das, was ihr sagt, nicht wahr.

Dann lautet die Entgegnung: Alles, was wir sagen, entspricht der wahren Bedeutung von Gottes Worten: *Die Augen nehmen Ihn nicht wahr, aber Er nimmt die Augen wahr,* das heißt, es existiert niemand anderes, also hat auch niemand Augen, die Ihn wahrnehmen können. Wenn es denkbar wäre, dass es noch einen anderen als Ihn gäbe, dann würde daraus folgen, dass dieser andere Ihn wahrnehmen könnte. Aber Gott hat uns in seinem Ausspruch *Die Augen nehmen Ihn nicht wahr* mitgeteilt, dass es keinen anderen außer Ihn gibt. Das bedeutet, dass kein anderer als Er Ihn wahrnimmt, das heißt, derjenige, der Ihn wahrnimmt, ist Er selbst. Es gibt keinen anderen als Ihn. Er ist derjenige, der Sein wahrhaftiges Wesen wahrnimmt, nicht ein anderer. Die Augen nehmen Ihn nicht wahr, weil sie nichts anderes sind als Sein Sein. Wer behauptet, dass die Augen Ihn nicht wahrnehmen, weil sie vergänglich sind und das Vergängliche das Ewige und Unvergängliche nicht erfassen kann, kennt sein Selbst noch nicht. Denn es gibt nichts, und es gibt auch keine Augen, die nicht Er sind. Er nimmt sein eigenes Sein wahr, ohne dass Wahrnehmung existiert, ohne Einschränkung und ohne irgendeinen anderen.

Ich erkannte den Herrn durch den Herrn
ohne Zweifel oder Unsicherheit.
Mein wahrhaftiges Wesen ist wirklich Sein Wesen
ohne Mangel oder Unvollkommenheit.
Es gibt kein Anderssein zwischen ihnen,
und mein Selbst ist der Ort, wo
der Unsichtbare erscheint.
Da ich mich selbst erkannt habe
ohne Vermischung oder Makel,
Bin ich zur Einheit mit meinem Geliebten gelangt
ohne Distanz oder Nähe.
Ich empfing ein überfließendes Geschenk
ohne jedes Geben oder irgendeine Vermischung.
Weder verschwand mein Selbst in Ihm
noch bleibt derjenige, der verschwand.

Wenn jemand fragt: Du bejahst Gott und verneinst die Existenz von allem anderen, was sind denn diese Dinge, die du siehst?

Ist dies die Antwort: Diese Worte sind für diejenigen, die nichts anderes als Gott sehen. Wir diskutieren nicht mit denen, die etwas anderes als Gott sehen, denn sie sehen nur, was sie sehen. Wer sein Selbst kennt, sieht nichts außer Gott, aber wer sein Selbst nicht kennt, sieht Gott nicht. Jedes Gefäß verströmt nur das, was in ihm ist. Wir haben schon viel erklärt, und auch wenn wir noch mehr erklären würden, würde derjenige, der nicht sieht, immer noch nicht sehen, verstehen oder begreifen; aber wer sieht, sieht, versteht und begreift schon jetzt. Für denjenigen, der die Vereinigung erlangt hat, ist ein Hinweis genug. Derjenige, der die Vereinigung noch nicht erlangt hat, wird sie nicht durch theoretische Belehrung, Unterweisung, Wiederholung, Vernunft oder Lernen erlangen, sondern nur dadurch, dass er sich in den Dienst eines bedeutenden Meisters stellt, der angekommen ist, und eines weisen Lehrers, der dem spirituellen Weg folgt, um sich von ihrem Licht leiten zu lassen und durch ihren geistigen Willen Fortschritte zu erzielen und auf diese Weise das zu erlangen, was sie suchen, so Gott will.

Möge Gott uns Erfolg schenken in dem, was Er liebt und was Ihn befriedigt, in Wort und Tat, Wissen und Übung, Licht und Führung. Er hat Macht über alles und kann jede Bitte erfüllen. Es gibt keine Macht oder Fähigkeit außer in Gott, dem Erhabenen, dem Herrlichen.

Friede und Segen sei mit dem Propheten,
seiner Familie und seinen Freunden.

Anmerkungen der Übersetzerin

Das Selbst oder die Seele (nafs)

Der Prophet meinte mit dem Wort ‚Selbst' dein Wesen und deine wahre Realität und nicht das Selbst, das als das anschuldigende Selbst oder das niedere Selbst bezeichnet wird, oder das Selbst, das als das zuversichtliche und friedliche Selbst bekannt ist.

Das arabische Wort für Selbst *(nafs)* hat viele verschiedene Bedeutungen. Es kann reflexiv[1] benutzt werden oder es kann Seele bedeuten. Gelegentlich wird es in der gleichen Weise wie ‚Geist' *(ruh)* verwendet, aber häufiger wird es als Vermittler zwischen dem Geist und dem Körper betrachtet. Manchmal wird es im Sinne der Eigenschaften der menschlichen Person verwendet, aber häufig auch als Äquivalent zu dem, was wir heute als Ego bezeichnen. Im Koran steht es jedoch außerdem für Gott, zum Beispiel wenn Jesus zu Gott sagt: *Du kennst mein Selbst, aber ich kenne Dein Selbst nicht.*[2]

Der Koran spricht auch von drei Ebenen oder Entwicklungsstufen des Selbst oder der Seele. Während sich der Geist *(engl. spirit)* im Inneren immer in einem Zustand der Vollkommenheit befindet, kann die Seele getrübt werden.

1 Ein Beispiel für ein reflexives Verb: „Sie hat sich gewaschen" und nicht „Sie hat ihr Gesicht gewaschen" oder ihr Kind oder irgendetwas anderes.

2 Koran, Sure 5, Vers 116 (K. 5:116), (Vers 119 in einigen Ausgaben).

Für viele Sufis ist die Vervollkommnung des Selbst ein Weg der Transformation, der Entschlossenheit und Anstrengung erfordert, auch wenn anerkannt wird, dass sie nur durch göttliche Gnade geschehen kann. Die unterste Ebene des Selbst, die im Koran erwähnt wird, ist ‚das Selbst, das zum Bösen anstiftet'[3], oft auch Ego, fleischliches Selbst oder kommandierendes Selbst genannt. Wenn der Mensch dann beginnt, den Sinn seines Lebens in Frage zu stellen und sich auf den spirituellen Weg der Selbst- und Gotteserkenntnis begibt, wird er sich seiner eigenen Unzulänglichkeiten, Schwächen und seines mangelnden Einsatzes bewusst und gibt sich selbst die Schuld für seine Unzulänglichkeiten, was die Stufe des ‚anschuldigenden Selbst' ist.[4] Das Selbst schließlich, das sich auf der Stufe der Vollkommenheit befindet, wird ‚das Selbst in Stille oder die Seele in Frieden' genannt.[5]

Anmerkungen zur geschlechtsneutralen Sprache

Diese spezielle Übersetzung soll den Inhalt dieses Buches für moderne Leser so zugänglich wie möglich machen. Im heutigen Englisch wird selbst in offiziellen Dokumenten eine geschlechtsneutrale Sprache verwendet. So wird zum Beispiel ‚they' als Singularpronomen anstelle des männlichen Singulars ‚he' verwendet, der heutzutage als geschlechtsspezifisch nur für Männer angesehen wird. Die Verwendung des männlichen Pronomens ‚he' in englischen Übersetzungen stellt für

3 Al-nafs al-ammara (bi-l-su'), K.12:53
4 Al-nafs al-lawwama, K.75:2
5 Al-nafs al-mutma'inna, K.89:27

diejenigen, die des Arabischen nicht mächtig sind, manchmal ein Hindernis für das Verständnis des Textes dar. Deshalb wird in diesem Text, wenn von einer einzelnen menschlichen Person die Rede ist, der Plural ‚they' verwendet, wie es im Englischen üblich ist. Dies schließt die Worte des Propheten ein: ‚*Whoever knows their self, knows their Lord' (dt. Wer sein Selbst kennt, kennt seinen Herrn; arab. man 'arafa nafsahu (faqad) 'arafa rabbahu)'*, wobei das anfängliche arabische Wort ‚man' ‚wer auch immer', ‚jeder, der' bedeutet und an sich nicht geschlechtsspezifisch ist.[6] Im Rest des arabischen Satzes wird das männliche Geschlecht verwendet, weil in der arabischen Grammatik das männliche Geschlecht dem weiblichen übergeordnet ist, so dass die männliche Verbform verwendet wird, wenn sich das Verb auf beide Geschlechter bezieht. Das arabische Wort für Lord (rabb), das auch mit ‚cherisher', ‚sustainer', ‚educator' übersetzt werden kann, ist männlich, während das arabische Wort für ‚self' oder ‚soul' (nafs) weiblich ist, so dass es in diesem Sprichwort Feinheiten gibt, die in einer englischen Übersetzung nicht vorkommen.

Wenn auf Gott als ontologisch aktiver Aspekt der Einen Wirklichkeit Bezug genommen wird, wird weiterhin „He" verwendet. Natürlich hat die höchste unaussprechliche Wirklichkeit kein Geschlecht. Im Arabischen ist die ursprüngliche Essenz zwar grammatikalisch weiblich, aber das aktive Prinzip ist männlich. Es ist die dynamische Bewegung vom Zustand der absoluten, unbekannten, verborgenen

6 Es ist nicht das erste Mal, dass dieser Ausspruch so übersetzt wird. Siehe James Winston Morris, ‚Seeing Past the Shadows: Ibn 'Arabi's „Divine Comedy" ', in Journal of the Muhyiddin Ibn 'Arabi Society, 12 (1992), S. 58-9, wo er wie folgt übersetzt wird: *Wer seine Seele/sein Selbst kennt, kennt seinen Herrn.*

Wirklichkeit hin zur Manifestation. Der Übergang vom Unaussprechlichen zum Ausgesprochenen schafft die Möglichkeit der Beziehung wie in dem prophetischen Spruch, den Ibn 'Arabi so gerne zitiert: *I was a hidden treasure and I loved to be known, so I created the world ... (Ich war ein verborgener Schatz und aus Liebe wollte Ich erkannt werden, so schuf ich die Welt...).* In Beziehung zu diesem sich bewegenden, aktiven Prinzip ist der Mensch empfänglich und untergeordnet, so wie der Teil dem Ganzen untergeordnet ist.

Das arabische Wort für ‚He' ist *huwa.* Es ist zu beachten, dass es im Arabischen kein neutrales Geschlecht gibt, das dem englischen ‚It' entspricht. Wenn jemand bei uns anwesend ist, bezeichnen wir diese Person als ‚you', ‚he' (die dritte Person Singular) dagegen wird verwendet, wenn die entsprechende Person abwesend ist. Das Wort für ‚Heness' oder ‚It-ness' *(huwiyya)*[7] bezieht sich auf das essentielle Selbst oder die göttliche Identität.

In seinem Essay *Quantum, Chaos, and the Oneness of Being: Meditations on the Kitab al-Alef,*[8] bemerkt Peter Lamborn Wilson über die Eröffnungspassage von Weirs Übersetzung des vorliegenden Werkes: Würde man in dieser Passage die Worte ‚Gott' und ‚Er' durch die Worte ‚Realität' und ‚es' und die Worte ‚prophetische Botschaft' durch die Worte ‚Quantentheoreme' oder etwas Ähnliches ersetzen, könnte man diese Zeilen fälschlicherweise für eine Diskussion der Quantenmechanik halten.

---

7 Siehe *William C. Chittick, Sufi Path of Knowledge* (Albany, NY: SUNY Press, 1989), S. 394, n. 15.

8 Siehe *Peter Lamborn Wilson, „Quantum, Chaos and the Oneness of Being: Meditations on the Kitab al-Alef"*, in *Muhyid-din Ibn 'Arabi: A Commemorative Volume, ed. S. Hirtenstein* und *M. Tiernan* (Shaftesbury, Dorset: Element, 1993), S. 366.

Vergehen (fana')
und Bleiben (baqa')

Die meisten der „Wissenden", die glauben, sich selbst und ihren Herrn zu kennen und sich von den Fesseln des Daseins befreit zu haben, erklären, dass der Weg nur durch das Vergehen und dann durch das Vergehen des Vergehens gegangen werden kann.

Wie nun deutlich geworden ist, handelt dieses kurze Buch von der Bedeutung der Selbsterkenntnis. Besonders hervorgehoben wird, dass es aufgrund der Einheit der Existenz nur ein Sein geben kann, und das ist das, was Gott genannt wird. Im islamischen Denken wird die Einheit Gottes oft in Form der Einheit der Handlungen, der Einheit der Eigenschaften und der Einheit des Seins diskutiert. Unter den Sufis war eines der Hauptthemen der Diskussion die Idee des Vergehens der individuellen Existenz und das Vergehen der Idee des Vergehens selbst, so dass nur noch das Wahre bleibt.

Es wurde über viele mögliche Stufen des Vergehens diskutiert. Sufis beziehen sich oft auf aufeinanderfolgende Stufen der Realisierung, auf denen immer deutlicher wird, dass der einzige Akteur letztlich Gott ist, alle Namen und Eigenschaften zu Gott gehören und selbst das individuelle Wesen eines Menschen nicht sein Wesen ist, sondern eine Individualisierung der Einen Essenz. Diese Stadien werden als das Vergehen der Handlungen, das Vergehen der Eigenschaften und das Vergehen des getrennten Selbst in der Essenz selbst bezeichnet.

Die arabischen Begriffe für das Vergehen *(fana')* und das Verbleiben oder Bestehenbleiben *(baqa')* beruhen auf der

Koranstelle *Alles auf Erden vergeht, aber das Antlitz deines Herrn, majestätisch und großmütig, bleibt bestehen.*[9] Ein ähnlicher Gedanke kommt in einem anderen in diesem Buch zitierten Vers zum Ausdruck: *Alles vergeht (oder verdirbt) außer Sein Antlitz.*[10] Das Antlitz offenbart die Identität einer Person und weist auf das Wesen oder die Wirklichkeit hin. Ibn 'Arabi erwähnt den Ausspruch eines der frühen Sufi-Meister: Das Vergehen ist *die Vernichtung dessen, der nicht war, während das Bleiben das Fortbestehen dessen ist, der immer gewesen ist.*[11]

Fana' kann auch mit Vernichtung, Aufhören zu existieren, Nicht-Sein, Verschwinden, Vergehen, Auslöschung des Selbst, Selbstauslöschung, Auslöschung (des individuellen Bewusstseins), Absorption (in Gott) übersetzt werden. ‚Vergehen' bedeutet normalerweise ‚von etwas' oder ‚in etwas', z.B. von sich selbst weggehen oder in Gott ausgelöscht werden. In diesem Buch bezeichnet es jedoch oft das Vergehen der Existenz *(fana' al-wujud)*.

9 K.55:26-7

10 K.28:88

11 *Futuhat,* Bd. III, S. 395; siehe *William C. Chittick, The Self-Disclosure of God* (Albany, NY: SUNY Press, 1998), S. 84

Göttliche Namen

Er ist der Erste und der Letzte,
der Offenbare und der Verborgene,
und Er hat Kenntnis von allem.[12]

Dieser oft zitierte Koran Vers steht am Anfang des Buches und bedarf vielleicht einer Erklärung für diejenigen, die mit seinem Kontext im Islam nicht vertraut sind. In diesem Vers nennt Sich Gott Selbst mit den Namen ‚der Erste' und ‚der Letzte'. ‚Der Erste' bezieht sich auf den Ursprung, den Anfang und das, was davor kommt, während ‚der Letzte' sich auf das bezieht, was danach kommt, bis Er an der äußersten Grenze endet, wenn alles zu seinem Ursprung zurückgekehrt ist. Dies geschieht zu einem bestimmten Zeitpunkt, aber es geschieht auch ständig, in jedem Augenblick.

Gott nennt sich auch mit den Namen ‚der Offenbare' und ‚der Verborgene', die manchmal mit der Äußere und der Innere, oder der Manifeste und der Nicht-Manifeste übersetzt werden.

Ibn 'Arabi erklärt, dass die verborgene Essenz in jedem Augenblick je nach ihrem Erscheinungsort in einer anderen Form erscheint. Sie zeigt sich in allem, was wir sehen, und bleibt doch gleichzeitig verborgen und unsichtbar. Da es nichts anderes gibt als Gott, ist Er überall sichtbar, wie es im Koran heißt: *Wohin du dich auch wendest, dort ist das Antlitz Gottes.*[13] Doch gleichzeitig bleibt Gott jenseits

12 K.57:3.

13 K.2:115. Dieser Vers wird in einigen wenigen Manuskripten des Textes nach dem Koranvers *„Alles vergeht, außer Sein Antlitz"* zitiert, aber nur eins der in dieser Übersetzung verwendeten Manuskripte enthält diesen Vers.

unserer Wahrnehmung, *die Augen nehmen Ihn nicht wahr:*[14] Er ist sowohl transzendent als auch immanent, und er vereint alle Gegensätze in Sich.

Die göttlichen Namen werden Gott zugeschrieben, aber wir kennen sie durch die Manifestation ihrer Eigenschaften in der Welt. Einerseits sind sie dasselbe wie das, was sie benennen, weil sie einfach verschiedene Aspekte desselben benannten Objekts beschreiben. Andererseits sind sie jedoch unterschiedlich, weil jeder Name seine eigenen Merkmale hat und dem genannten Objekt eine bestimmte Eigenschaft zuschreibt, die sich von jeder anderen Eigenschaft unterscheidet.

Ibn 'Arabi sagt:

> *Die Einheit (ahadiyya) Gottes in Bezug auf die göttlichen Namen, die uns benötigen, ist die Einheit der Vielen, und die Einheit Gottes in Bezug auf Sein Wesen, das uns und Seine göttlichen Namen nicht benötigt, ist die Einheit des Seins (ahadiyyat al-'ayn). Der Name der Eine (al-ahad) gilt für beide.*[15]

---

14 K.6:103. Wird im Text zitiert.

15 *Fusus al-hikam, ed. 'Affifi,* S. 105. Siehe Ende des Kapitels über Joseph in den in der Bibliographie aufgeführten Übersetzungen: *Austin*, S. 126; *Dagli,* S. 103; *Burckhardt/Culme-Seymour,* S. 66; *Bursevi/Rauf,* S. 557.

Die Buchstaben

Es gibt keinen Ersten und keinen Letzten, keinen Offenbaren und keinen Verborgenen außer Ihm, ohne dass die Buchstaben, die diese göttlichen Namen bilden, zu Ihm werden oder Er zu diesen Buchstaben.

In der islamischen Kosmologie spielt die Wissenschaft der Buchstaben eine wichtige Rolle. Sowohl Ibn 'Arabi als auch Ibn Sab'in, von dem man annimmt, dass er Einfluss auf Balyani hatte, kannten die Wissenschaft der Buchstaben.

Jeder Name ist aus einer bestimmten Buchstabenkombination zusammengesetzt. Durch Sein Wort ‚Sei!'[16] ruft Gott alle Erscheinungsformen hervor. Das Aussprechen dieses Wortes geschieht durch den Atem des Allbarmherzigen, in dem alle Dinge manifest werden.

Auch das menschliche Sprechen erfolgt durch den Atem. Der erste Buchstabe des arabischen Alphabets, der den Zahlenwert eins hat, ist *alif.*[17] Das *alif* selbst ist stumm.[18] Es ist der ungehinderte Atem, grafisch dargestellt durch eine gerade, vertikale Linie. Es wird nur ausgesprochen, wenn die erste Artikulation hinzugefügt wird *(hamza)*, obwohl dieser Buchstabe als Pause oder Lücke zwischen Stille und Sprechen betrachtet werden kann.[19] Dann ist der erste Buchstabe, der ausgesprochen wird, das *ha*, das phonetisch am weitesten

---

16 K.16:40.

17 Da dieses Buch von der Einheit handelt, ist einer der Titel, die ihm gegeben wurden *„Das Buch von Alif"*, was auch der Titel ist, der *Ibn 'Arabis Buch von Alif*"oder *„Buch der Einheit"* gegeben wurde.

18 *Ibn 'Arabi, Contemplation of the Holy Mysteries,* übersetzt von Cecilia Twinch und Pablo Beneito (Oxford: Anqa Publishing, 2001), S. 56.

19 Siehe *Titus Burckhardt, Mystical Astrology According to Ibn 'Arabi* (Aldsworth, Glos.: Beshara Publications, 1977), S. 32- 35.

innen liegt und mit dem Atem aus der Brust kommt, bis ein Laut in der Kehle entsteht. Der letzte Buchstabe, der artikuliert wird, ist das *waw,* das phonetisch am weitesten außen liegt und mit den Lippen ausgesprochen wird. Diese beiden Buchstaben bilden das Wort huwa, das alle Buchstaben vom ersten bis zum letzten, vom innersten bis zum äußersten, in sich vereint. Auf diese Weise umfasst huwa alle Buchstaben, die den Ursprung der Wörter bilden, und fließt durch die gesamte Existenz. Seine dynamische, aktive Qualität erklärt wiederum, warum es mit dem ontologisch männlichen Pronomen ‚Er' übersetzt wird.

Ibn 'Arabi sagt:

> *Es gibt nichts im Dasein außer Gott,*
> *seine Namen und seine Handlungen.*
> *Er ist der Erste in Bezug auf seinen Namen*
> *‚der Offenbare' und der Letzte in Bezug*
> *auf seinen Namen ‚der Verborgene'.*
> *Daher ist die Existenz ganz und gar real.*[20]

20 *Futuhat,* Bd. III, S. 68; siehe auch *Chittick, Sufi Path,* S. 133

Geschichte der Übersetzungen

Eine englische Übersetzung dieses Werks wurde erstmals 1901 im *Journal of the Royal Asiatic Society*, London, veröffentlicht[21], und zwar unter dem Titel *Translation of an Arabic Manuscript in the Hunterian Collection, Glasgow University*. Die Übersetzung beginnt mit der Zuordnung des Werkes zu Ibn 'Arabi durch den Kopisten. Der Übersetzer, T.H. Weir, erwähnt außerdem vier weitere Handschriften, die er bei der Übersetzung verwendete, die alle Balyani oder Balbani zugeschrieben wurden, außer einer Berliner Handschrift, die Suyuti zugeordnet wird.

Die Royal Asiatic Society förderte das Werk von Ibn 'Arabi weiterhin, indem sie 1911 eine englische Übersetzung seines berühmten Buches mit mystischen Liebesgedichten *The Tarjuman al-Ashwaq (Interpreter of Ardent Desires)* veröffentlichte (die 1978 von der Theosophischen Gesellschaft neu aufgelegt wurde). Es besteht kein Zweifel, dass der *Tarjuman*, inspiriert von der schönen Nizam, die er in Mekka traf, von Ibn 'Arabi geschrieben wurde.

In der Zwischenzeit veröffentlichte Abdul Hadi – auch bekannt als der schwedische Maler und Schriftsteller Ivan Aguéli, der den bekannten französischen Gelehrten René Guénon in den Sufismus einweihte und 1911 in Paris die geheime Sufi-Gesellschaft Al-Akbariyya[22] gründete – 1907 eine italienische

21 *Journal of the Royal Asiatic Society* (Okt. 1901), S. 809-75.

22 Aus dem Titel *Shaykh al-Akbar* (der größte Meister), der Ibn 'Arabi verliehen wurde. Auch der Begriff „*Akbarianer*" stammt von diesem Titel.

Version der Schrift[23] gefolgt von einer französischen Übersetzung, die 1911 in der Zeitschrift La Gnose in Kairo erschien. In der Einleitung der französischen Fassung schrieb Abdul Hadi, dass er drei Viertel seiner Übersetzung fertiggestellt hatte, als er erfuhr, dass das Werk bereits ins Englische übersetzt worden war: ‚Ich weiß nicht, wo, wann oder von wem'. Obwohl er feststellte, dass viele Manuskripte Balyani oder Balabani und anderen Variationen des Namens[24] sowie Suyuti zugeschrieben wurden, war er innerlich davon überzeugt, dass Ibn 'Arabi der Autor war.

In jüngerer Zeit versuchte der französische Gelehrte und Ibn 'Arabi-Experte, Michel Chodkiewicz[25] in einer 1982 veröffentlichten Studie und Übersetzung zu korrigieren, was er für eine falsche Zuordnung des Werks zu Ibn 'Arabi hält. Er ist der Meinung, dass es sich um das Werk von Awhad al-din Balyani (gest. 1287), auch bekannt als Abu 'Abdallah Balyani, handelt. James Winston Morris hat die Erkenntnisse von Chodkiewicz bestätigt[26], doch die Zuordnung zu Ibn 'Arabi, ob den Tatsachen entsprechend oder aus einer Inspiration heraus, besteht sowohl im Volksglauben fort als sogar in einigen Gegenden der Welt auch unter Gelehrten. Der Name von Ibn 'Arabi erscheint daher weiterhin auf dem Umschlag dieser Ausgabe neben dem von Balyani. Auf diese Weise wird die abweichende Autorenschaft eingeführt, und die weitere Erwähnung des Namens von Ibn 'Arabi hilft denjenigen, das

23 In *Il Convito-Al-Nadi* (Kairo, 1907)

24 Wiedergaben des Namens im Englischen hängen davon ab, wo die Punkte auf den arabischen Buchstaben gesetzt werden.

25 *Michel Chodkiewicz, Épître sur l'Unicité Absolue* (Treatise on Absolute Unity – Risalat al-wahda al-mutlaqa), (Paris: les Deux Océans, 1982); siehe S. 19, Nr. 8.

26 James Winston Morris, *'Ibn 'Arabi and His Interpreters, Part II-A', in Journal of the American Oriental Society*, Bd.106 (1986), S. 733-56.

Werk zu identifizieren, die es bereits kennen, da der Titel viele Variationen aufweist. Bei der Vorbereitung der Übersetzung wurden beiden Autoren zugeschriebene Manuskripte zu Rate gezogen.

Verwendete Manuskripte

Für die Übersetzung wurden verschiedene Manuskripte aus dem Vereinigten Königreich, der Türkei und Syrien herangezogen. Von den fünf Manuskripten, die T.H. Weir für seine englische Übersetzung verwendet hat, wurden drei herangezogen. Das wichtigste Manuskript befindet sich in der Hunterian Collection (Nr. 456) in der Bibliothek der Universität Glasgow und ist undatiert. Einem Exlibris-Vermerk zufolge befand sich dieses Manuskript jedoch früher in der Sammlung des französischen Orientalisten François Pétis de la Croix, der 1713 starb, so dass es mit Sicherheit älter ist als dieses Datum. Es wird dem Al-Schaykh al-Akbar Muhyi-al-din 'Arabi zugeschrieben und trägt den Titel *The Book of Answers (Kitab al-Ajwiba)*, auch *The Book of Alif (Kitab al-Alif)* genannt: *Über die Erklärung des Ausspruchs des Propheten, Friede sei mit ihm, ‹Wer sein Selbst kennt, kennt seinen Herrn‘ (man 'arafa nafsahu faqad 'arafa rabbahu).* Weir erwähnt, dass zwei der anderen von ihm verwendeten Manuskripte im Britischen Museum aufbewahrt wurden, obgleich sie sich heute in der Britischen Bibliothek befinden (Add. 16839 und Or. 3684). Beide werden Balyani zugeschrieben, der in dem einen als „Der Pol der Pole *(qutb al-aqtab)*“ Shaykh 'Abdallah al-Balyani und in dem anderen als Auhad al Din 'Abd-allah al-Balyani bezeichnet wird. Die zweite dieser Schriften trägt den Titel: *On the oneness of being and the knower of God (fi wahdat al-wujud wa fi-l-'arif).*

Aus Damaskus wurden die beiden wichtigsten Abschriften der von Michel Chodkiewicz in seiner französischen Übersetzung verwendeten Manuskripte herangezogen. Diese befanden sich früher in der Zahiriyya-Bibliothek und wurden von ihm als Z^1 und Z^2 bezeichnet, befinden sich jetzt aber in der Assad-Bibliothek (mss. 6897 und 7965). Die erste ist eine späte Abschrift, datiert auf 1813, und wird Scheich 'Abd al-Balbani zugeschrieben, während die zweite von M. Chodkiewicz auf das vermutlich 16. oder 17. Jahrhundert datiert und Scheich 'Abd Allah al-Balyani zugeordnet wird.

Aus der Türkei wurden vier Manuskripte verwendet, zwei aus der Suleymaniye-Bibliothek in Istanbul (Shehit Ali 1344 und Yazma Bagislar 5935), eins aus der Inebey-Bibliothek in Bursa (Genel 4420) und eins aus der türkischen Nationalbibliothek in Ankara (Genel 4420). Zwei werden Ibn 'Arabi und zwei Balyani zugeschrieben. Das Hauptwerk aus der Suleymaniye-Bibliothek ist eine relativ frühe Abschrift und lässt sich anhand anderer Werke im Kodex auf 1542 datieren. Die anderen stammen aus dem 17., 18. und 19. Jahrhundert. Drei der Exemplare tragen den Titel The Treatise on Unity *(Risalat al-ahadiyya).*

Zitate aus dem Koran, Hadithe und andere Sprüche

In der Reihenfolge ihres Erscheinens im Text

Wer sein Selbst kennt, kennt seinen Herrn.
(Hadith, Ausspruch, der dem Propheten Muhammad zugeschrieben wird)

Und Er ist jetzt, wie Er immer war. *(Hadith)*

Ich erkannte meinen Herrn durch meinen Herrn. *(Hadith)*

Gott ist, und nichts ist neben Ihm. *(Hadith)*

O Gott, zeige mir die Dinge, wie sie sind. *(Hadith)*

Alles vergeht, außer Sein Antlitz. *(K.28:88)*

Ich bin die Wahrheit. *(Ein ekstatischer Ausruf von Hallaj)*

Ehre sei mir. *(Ein ekstatischer Ausruf von Abu Yazid al-Bistami)*

Verflucht nicht die Zeit, denn Gott ist die Zeit. *(Hadith)*

Der erhabene Gott sagt: „O Kind Adams, Ich war krank, und du hast Mich nicht besucht, Ich war hungrig, und du hast Mich nicht gespeist, Ich habe dich um etwas gebeten, und du hast es Mir nicht gegeben." *(Göttlicher Spruch, Hadith qudsi)*

Jeden Tag in einer anders zusammengefügten Gestalt.

(K.55:29)

Er ist der Erste und der Letzte, der Offenbare und der Verborgene, und Er hat Kenntnis von allem. *(K.57:3)*

Stirb, bevor du stirbst. *(Hadith)*

Gott sagt: „Mein Diener nähert sich Mir mit freiwilligen Handlungen, bis Ich ihn liebe. Und wenn Ich ihn liebe, bin Ich sein Ohr, sein Auge, seine Hand..." *(Göttlicher Spruch)*

Es gibt keinen Gott außer GOTT *(La ilaha illa llah)*.

(Muslimisches Glaubensbekenntnis zur Einheit Gottes, genannt Schahada)

Der Wahrhaftige ist der Spiegel des Wahrhaftigen Einen.

(Hadith)

Die Augen nehmen Ihn nicht wahr, aber Er nimmt die Augen wahr, Er ist der Feinsinnige und Allwissende.

(K.6:103)

BISMALLAH

„Im Namen Gottes des Barmherzigen des Allerbarmers“

“In the name of God the Compassionate the All-Merciful”

Kalligrafie von

Calligraphy by

Anne-Elisabeth Seevers

Know Yourself

An explanation of the oneness of being

On the meaning of the saying of the
Prophet Muhammad
(God bless him and give him peace)

Whoever knows their self, knows their Lord

In the name of God,
the compassionate, the merciful

Praise belongs to God, before whose oneness there is no before unless the before is He, and after whose singleness there is no after unless the after is He. He is, and there is not with Him any before or after, above or below, closeness or distance, how or where or when, time or moment or duration, manifested existence or place. *And He is now as He has always been.* He is the one without oneness and the single without singleness. He is not composed of name and named, for His name is Him and His named is Him and there is no name or named other than Him. He is the first without firstness and the last without lastness. He is the apparent without appearance and the hidden without hiddenness. I mean that He is the very existence of the letters of the names, the first and the last, the apparent and the hidden. There is no first or last, apparent or hidden except Him, without the letters which form these divine names becoming Him and without Him becoming these letters.

Understand this so as not to make the mistake of those who believe in incarnation. He is not in anything and no thing is in Him, whether entering into Him or coming out of Him. It is in this way that you should know Him and not through theoretical knowledge, reason, understanding or conjecture, nor with the senses, the external eye or interior sight or perception. No one sees Him except Himself, no one reaches Him except Himself and no one knows Him except Himself. He knows Himself through Himself and He sees Himself by means of Himself. No one but He sees Him. His veil is His oneness since nothing veils Him other than Him. His own being veils Him. His being is concealed by His oneness without any condition.

No one other than He sees Him. No sent prophet, perfect saint or angel brought close knows Him. His prophet is He, His messenger is He, His message is He and His word is He. He sent Himself from Himself, through Himself to Himself. There is no intermediary or means other than Him. There is no difference between the sender, that which is sent and the one to whom it is sent. The very existence of the prophetic message is His existence. There is no existence to any other who could pass away, or have a name or be named.

Because of this, the Prophet, God bless him and give him peace, said, *Whoever knows their self, knows their Lord.*

He also said, *I knew my Lord through my Lord.* What the Prophet pointed out by that is, that you are not you but you are Him and there is no you. It is not that He enters into you or that you enter into Him, or that He comes out of you or that you come out of Him. That does not mean that you have being and you are qualified by this or that attribute. What is meant is that you never were and never will be, whether through yourself or through Him or in Him or with Him. You have neither ceased to be nor are you existent. You are Him and He is you, without any of these imperfections. If you know your existence in this way, then you know God, and if not, then not.

Most of those who claim to know God make the knowledge of God dependent on the passing away of existence and on the passing away of that passing away. That is clearly an error and misconception. The knowledge of God does not require the passing away of existence or the passing away of that passing away, because things have no existence and what does not exist cannot pass away. Passing away implies the prior existence of the thing that passes away. If you know yourself without existing and passing away, then you know God, and if not, then not.

By making the knowledge of God dependent on the passing away of your existence and the passing away of that passing away, there is an affirmation of something other than God. The Prophet said, *Whoever knows their self, knows their Lord.* He did not say, *Whoever annihilates their self, knows their Lord.*

Your being is nothing and whatever is nothing cannot be placed in relationship to anything else, whether it is capable of passing away or not and whether it is existent or nonexistent. The Prophet alluded to the fact that you are nonexistent now, as you were nonexistent before creation, because now is eternity-without-beginning and now is eternity-without-end and now is timelessness. God is the very being of eternity-without-beginning, eternity-without-end and timelessness even though in reality there is no eternity-without-beginning, eternity-without-end or timelessness. If it were otherwise, He would not be alone, without any associate. However, it is necessary for Him to be alone without any associate because any associate would exist through itself, and not through the being of God. Then that associate would not need God and would therefore be a second Lord, which is impossible. God has no associate, equal or like.

Whoever sees anything with God, whether coming out of Him or within Him, but dependent on Him by virtue of His lordship, has also made that thing an associate even though that associate depends on Him by virtue of His lordship. Whoever allows that there could be anything with God – whether subsisting by itself or through Him, whether in a state of having passed away or the passing away of passing away – is far from breathing the scent of self-knowledge.

Because whoever accepts that there could be any being other than Him, yet subsisting through Him and in Him, then passing away in successive stages of passing away and passing away of passing away – which is polytheism upon polytheism and not knowledge of the self at all – is a polytheist (who believes in many gods) and does not know God or themselves.

If someone asks: What is the way to knowledge of the self and knowledge of God?

The answer is: It consists in being aware that *God is and nothing is with Him. And He is now as He has always been.*

If someone then says: I see myself as other than God and I do not see God as myself.

The answer is: The Prophet meant by the word 'self' your being and your essential reality, and not the self which is called the blaming self or the lower self or the self which is known as the confident and peaceful self. By the self, he was alluding to everything that is other than God, like when he said, *O God, show me things as they are*, indicating by 'things' whatever is other than God; that is, *Make me know what is other than You, so that I may know what things really are – whether they are You or other than You, whether they are eternal and subsistent, or newly happening and temporal.*

Then God showed him what is other than Him as Himself, without the existence of what is other than Him. So he saw things as they are, that is, he saw them as the essence of God, who is exalted, without how or where. The word 'things' applies to the self and to other things, because the existence of the self and the existence of things are equal in terms of being 'things'. When you know the things, you know yourself and when you know yourself, you know the Lord. Because what you think is other than God is not other than God, but you do not know it. You see Him and you do not know that you see Him.

When this secret is revealed to you, you will know that you are not other than God, but that you yourself are the object of your quest. You do not need to get rid of your self. You have not ceased, nor will you cease to exist, without time and without moments, as we have already mentioned. You will see His attributes as your attributes, your exterior as His exterior, your interior as His interior, your first as His first and your last as His last, without any doubt or uncertainty. You will see your attributes to be His attributes and your essence to be His essence, without you becoming Him and without Him becoming you in the least degree.

Everything passes away except His face, both outwardly and inwardly. This means that there is no existence but Him. Nothing other than Him has being and therefore has to pass away so that His face remains. There is nothing except His face.

It is as if a person who does not know something, then comes to know it. Their existence does not disappear, but their ignorance disappears. Their existence remains as it was, without being exchanged for another, and without the existence of the ignorant person being added to, or mixed with the knowing person: ignorance simply disappears.

Do not think therefore that you need to pass away, because if it were necessary to pass away, that would mean that you are His veil. He would therefore be veiled by something other than Himself. This would require something other than Him having power over Him, which prevents Him from being seen. That is an error and misconception. As we have already said, His veil is nothing other than His oneness and His singularity. That is why the person who has reached the essential truth is allowed to say, *I am the truth* or *Glory to me*. No one has truly reached Him, unless they see their attributes to be the attributes of God and their essence to be the essence of God, without their essence or their attributes ever entering into God or coming out of Him and without passing away in relation to God or remaining in God. They see that their self has never been their own, not that it was and then it passed away. Because there is no self except His self, and there is no being except His being. This is what the Prophet was alluding to when he said, *Do not curse time, because God is time*, and God, who is blessed and exalted, is unblemished by any associate or equal or like.

It is also reported that the Prophet said *The high God says, 'O child of Adam, I was sick and you did not visit Me, I was hungry and you did not feed Me, I asked of you and you did not give to Me…'*. This alludes to the fact that the being of the person who asks is His being. When that is accepted, it is also accepted that your being is His being, and the being of all created things, whether substance or accident, is His being.

When the secret of an atom is discovered, the secret of all created things is made clear, whether they are apparent or hidden. You do not see the two worlds as other than God, without the two worlds and their names and what they name existing – or rather, their names and what they name and their existence are Him, without any doubt. You do not see God as having ever created anything but as being *every day in a different configuration* which sometimes reveals Him and sometimes conceals Him, without any condition, since *He is the first and the last, the apparent and the hidden and He has knowledge of everything.* He manifests Himself in His oneness and hides Himself in His singularity. He is the first in His essence and His self-subsistence and the last in His everlastingness. He is the very being of the name the first and the name the last, of the name the apparent and the name the hidden. He is His own name and what is named. Just as His existence is necessary, the nonexistence of what is other than Him is necessary. What you think is other than Him is not other than Him. He is free from there being any other than Him. Indeed, other than Him is Him without any otherness, whether this is with Him or in Him, inwardly or outwardly.

Whoever is qualified in this way has innumerable attributes, without limit or end. Just as the person whose physical form passes away is deprived of all their attributes whether praiseworthy or blameworthy, so the person who dies a mystical death has all their attributes, whether praiseworthy or blameworthy, taken away from them and God comes into their place in all their states. The essence of God comes into the place of their essence and the attributes of God come into the place of their attributes. Because of this, the Prophet said, *Die before you die*, that is, *Know yourself before you die.* He also said, *God says, 'My servant continues to approach Me with free acts until I love him. And when I love him, I am his hearing, his sight, his hand…'*, which refers to the fact that whoever knows their self sees their whole being as the very being of God, without any change in their essence or attributes. There is no need for any change since that person was not the existence of their own essence but was simply ignorant of the knowledge of their self.

When you know yourself, your egoism disappears and you know that you are no other than God. If you had an independent existence, you would have no need of passing away or of self-knowledge. You would therefore be a lord apart from Him, but there is no lord apart from God, who is blessed and exalted.

The benefit of the knowledge of the self is to know for certain that you are neither existent nor nonexistent, that you are not, never have been and never will be. In this way, the meaning of *There is no god but God* becomes clear: there is no divinity other than Him, being belongs to none but Him, there is no other except Him, there is no god but He.

If someone says: You make His lordship superfluous.

The reply is: I do not make His lordship superfluous, because He has not stopped being both ruler and ruled, just as He has never stopped being both creator and what is created, *and He is now as He has always been.* His creativity and His lordship do not need what is created or subject to Him. When He brought the creatures into existence, He was already endowed with all His attributes, *and He is now as He has always been.* There is no difference in His oneness between the new and the eternal: the new requires His manifestation and the eternal requires His remaining hidden. His exterior is identical to His interior and His interior is identical to His exterior; His first is the same as His last and His last is the same as His first and all is one and the one is all. He was described as *every day in a different configuration* when there was no 'thing' other than Him. *And He is now as He has always been*, since in reality what is other than Him has no being. Just as in eternity-without-beginning and timelessness, He was *every day in a different configuration* when no thing existed, so *He is now as He has always been*, although there is no thing or day, just as there has been from all eternity no thing or day. The existence of the creatures and their nonexistence are the same. If it were not so, it would require the origination of something which was not already in His oneness. That would imply imperfection and His oneness is far more exalted than that.

When you know yourself in this way, without attributing any opposite, like equal or associate to God, then you really know yourself. That is why the Prophet said, *Whoever knows their self, knows their Lord* and not

Whoever gets rid of their self, knows their Lord, because he knew and saw that there is nothing other than Him. Then he pointed out that the knowledge of the self is the knowledge of God. In other words, *Know yourself* or *Know your being,* because you are not you but you do not know it. That is, know that your being is neither your being nor other than your being. You are neither existent nor nonexistent, nor other than existent nor other than nonexistent. Your being and your non-being are His being, without any being or absence of being because your being and your non-being are the same as His being and His being is the same as your being and non-being.

So if you see things without seeing anything else with God or in God, but see things as Him, then you know yourself and such a knowledge of the self is knowledge of God, without doubt or uncertainty and without mixing anything temporal with the eternal, whether in Him or through Him.

If someone now asks you: What is the way to union when you assert that there is no other than Him, yet one thing cannot be united to itself?

Then this is the reply: There is no doubt that in reality there is neither union nor separation, distance or closeness, since union is only possible between two things and if there is only one there can be neither union nor separation. Union requires two things which are either similar – in which case they are equal, or dissimilar – in which case they are opposites. However, He is exalted far above having any opposite or equal. Therefore union lies in something other than union, closeness in something other than closeness and distance in something other than distance. There is union without union, closeness without closeness and distance without distance.

If someone asks: We understand union without union, but what does closeness without closeness and distance without distance mean?

Then the answer is: I mean that in those times of closeness and distance you were not anything other than God, but you did not know yourself and you were not aware that you were always Him, without 'you'. When you reach God, that is, when you know yourself in a way that is beyond all condition, you know that you are Him, and you did not know before whether you were Him or other than Him. When knowledge comes upon you, you know that it is through God that you know God, not through yourself.

Suppose, for example, that you do not know that your name is Mahmud, or that what your name designates (your named) is Mahmud – for the name and the named are in fact one and the same thing – and that you think that your name is Muhammad. If you then learn that you are really Mahmud, you do not stop being who you were. The name Muhammad is simply taken away from you because of your knowledge of yourself – that you are Mahmud and you were only Muhammad by ceasing to be yourself. Because ceasing to be presupposes the affirmation of the existence of what is other than Him, and then whoever affirms the existence of what is other than Him has attributed an associate to Him. Nothing has been taken away from Mahmud: Muhammad did not pass away into Mahmud and Mahmud did not enter into Muhammad or come out of him, nor did Mahmud become incarnated in Muhammad. When Mahmud knew himself, that he was Mahmud and not Muhammad, he knew himself through himself and not through Muhammad. Because Muhammad never was, so how could anything be known through him?

Therefore the knower and the known, the one who arrives and what he arrives at, and the seer and the seen are one. 'The knower' is His attribute and 'the known' is His essence, and 'the one who arrives' is His attribute and 'what he arrives at' is His essence. In fact, the attribute and that to which it is attributed are one. That is the explanation of the saying, *Whoever knows their self, knows their Lord.*

Whoever understands this example knows that there is no union or separation. The knower is He and the known is He, the one who sees is He and what is seen is He, the one who arrives is He and what he arrives at is He. No other than He reaches union, no other than He separates from Him. Whoever understands this is free of the polytheism of polytheism, and whoever has not understood this has not breathed the scent of this freedom from polytheism.

Most of 'those who know', who think that they know themselves and their Lord and think that they are free of the bonds of existence, declare that the way can only be travelled by passing away, then by the passing away of passing away. That is because they do not understand the saying of the Prophet and, believing themselves to be free of polytheism, they allude sometimes to the negation of existence, that is, to the passing away of existence, sometimes to the passing away of passing away, and sometimes to extinction or annihilation. All these expressions are unadulterated polytheism because whoever accepts that there could be anything other than Him, which is subsequently capable of passing away, then of passing away from passing away, affirms that there is something other than Him, and whoever affirms that is a polytheist. May God guide them and us to the right path.

You thought you were you,
    but you are not you and never were.
For if you were you, you would be a lord
    and the second of two.
    Stop what you were thinking.
Between His being and your being
    there is no difference.
He is no different from you
    nor you from Him.
If you say in ignorance you are other,
    you are stubborn,
But if your ignorance disappears,
    you are submissive.
For your union is separation,
    your separation union,
And your distance is closeness –
    through that you become suitable.
Abandon the intellect and understand
    by the light of unveiling,
So that what you are safeguarding
    does not escape you.
Do not debase yourself by associating
    other with God,
For associating other with
    God is debasing.

If someone says: You point out that your knowledge of yourself is the knowledge of God, but the one who knows their self is other than God. So how can that which is other than God know God and reach union with Him?

The answer is: Whoever knows their self knows that their being is not their being, nor other than their being, but that they are the very being of God, without their being becoming the being of God or entering into God or coming out of Him, and without their being existing along with Him or in Him. They see their being as it was before coming into being, without the need for passing away, effacement or the passing away of passing away. For the passing away of something implies that it was previously existent and that in turn implies that it exists by itself and not by the power of God, which is clearly impossible. It is evident that the knowledge that the knower has of their self is the knowledge that God has of Himself, because their self is no other than He.

By the word 'self', the Prophet meant 'being'. The being of the one who reaches this spiritual level is no longer their being whether inwardly or outwardly, but it is the very being of God. Their speech is His speech, their actions are God's actions and their claim to the knowledge of God is their claim to the knowledge God has of Himself through Himself. But you hear this claim as though coming from that person, you see their actions as though coming from them, you see them to be other than God, just as you see yourself as other than God because of your ignorance of your real being. For *the faithful one is the mirror of the Faithful One*, so he is He in His eye, that is, through His sight. For if his eye is God's eye and his sight is God's sight, without any condition, he is not He through your eye or your knowledge, understanding, imagination, thought or vision, but he is He in His eye, His knowledge and His vision. Then if he says *I am God*, listen to him, because it is God who is saying *I am God*, not him. But you have not reached the point that he has reached, since if you had arrived at it, you would understand what he says, you would say what he says and you would see what he sees.

To summarize, the existence of things is His existence, without them existing. But do not fall into confusion and do not let these allusions lead you to imagine that God is created. One of those who know has said, *The Sufi is uncreated*. It is like that after the complete unveiling and dissipation of doubts and conjecturing. But this spiritual nourishment is only for the person whose nature is larger than the two worlds. As for the person whose nature is only as large as the two worlds, it is not suitable for them, for it is greater than the two worlds.

Finally, you need to know that the seer and the seen, the one who finds and what is found, the knower and the known, the creator and the created, the perceiver and the perceived are one. He sees, knows and perceives His being by means of His being, beyond any manner of sight, knowledge and perception and without the existence of the form of sight, knowledge and perception. Just as His being is beyond all condition, so the vision, knowledge and perception which He has of Himself are without condition.

If someone asks: How do you view all the repulsive and desirable things? For example, when we see dung or carrion, do we say it is God?

Then the reply is: God forbid that God, who is exalted and sanctified, should be any such thing. Our conversation is with those who do not see dung as dung, or carrion as carrion. We are only speaking with those who are endowed with inner vision and not with those who are inwardly blind. Anyone who does not know their self is blind and does not see. Until their blindness and lack of vision disappears, they will not grasp these meanings. Our conversation is with God, not with other than God and not with the inwardly blind. Whoever reaches this spiritual station knows that they are no other than God. We are speaking with those who have determination and energy in seeking knowledge of their self in order to know God, and who keep fresh in their heart the image of their seeking and longing for union with God, and not with those without aim or intention.

If someone objects: God has declared that *Eyes do not perceive Him but He perceives the eyes, He is the subtle and well-informed one*, yet you maintain the contrary, so what you are saying is not true.

Then the response is: Everything that we are saying is the very meaning of God's words, *Eyes do not perceive Him, but He perceives the eyes*, that is, there is no one else in existence, so no one has sight which can perceive Him. If it were conceivable that there were someone other than Him, then it would follow that this other could perceive Him. But God has informed us in His saying *Eyes do not perceive Him* that there is no other except Him. This means that no other than He perceives Him, that is, He who perceives Him is Himself. There is no other than He. He is the one who perceives His essence, not another. Eyes do not perceive Him because they are nothing but His being. Whoever maintains that eyes do not perceive Him because they are transient and what is transient cannot grasp what is eternal and everlasting, still does not know their self. For there is nothing, and there are no eyes which are not Him. He perceives His own being without the existence of perception, without condition and without other.

I knew the Lord through the Lord
    without doubt or uncertainty.
My essence is really His essence
    without lack or imperfection.
There is no otherness between them and
    my self is the place where the invisible appears.
Since I have known myself
    without mixture or blemish,
I have reached union with my beloved
    without distance or closeness.
I received a gift overflowing
    without any giving or intermingling.
My self did not vanish in Him
    nor does the one who vanished remain.

If someone asks: You affirm God and you deny the existence of everything else, so what are these things that you see?

The answer is this: These words are for those who see nothing other than God. We have no discussion with those who do see something other than God, for they only see what they see. Whoever knows their self sees nothing except God, but whoever does not know their self, does not see God. Each receptacle only exudes what is in it. We have already explained a great deal and if we explained more, whoever does not see will still not see, understand or comprehend; but whoever does see, sees, understands and comprehends already. A hint is enough for the one who has reached union. As for the person who has not reached union, they will not arrive by theoretical teaching, instruction, repetition, reason or learning, but only by putting themselves in the service of an eminent master who has arrived and a wise teacher, following the spiritual path in order to be guided by their light and progress by means of their spiritual will, and reaching in this way what they are seeking, if God wills.

May God grant us success in what He loves and in what satisfies Him in word and deed, knowledge and practice, light and guidance. He has power over everything and is able to respond to every request. There is no power or ability except in God, the sublime, the magnificent.

Peace and blessings on the Prophet,
his family and friends.

Quotations from the Quran, hadith and other sayings

In order of appearance in the text

Whoever knows their self, knows their Lord.
(Hadith, saying attributed to the Prophet Muhammad)

And He is now as He has always been. *(Hadith)*

I knew my Lord through my Lord. *(Hadith)*

God is, and nothing is with Him. *(Hadith)*

O God, show me things as they are. *(Hadith)*

Everything passes away except His face. *(Q.28:88)*

I am the truth. *(An ecstatic saying of Hallaj)*

Glory to me. *(An ecstatic saying of Abu Yazid al-Bistami)*

Do not curse time, because God is time. *(Hadith)*

The high God says: 'O child of Adam, I was sick and you did not visit Me, I was hungry and you did not feed Me, I asked of you and you did not give to Me…'.
(Divine saying, hadith qudsi)

Every day in a different configuration. *(Q.55:29)*

He is the first and the last, the apparent and the hidden and He has knowledge of everything. *(Q.57:3)*

Die before you die. *(Hadith)*

God says, 'My servant continues to approach Me with free acts until I love him. And when I love him, I am his hearing, his sight, his hand…'. *(Divine saying)*

There is no god but God (*La ilaha illa llah*).
(Muslim declaration of faith in God's unity, referred to as the Shahada)

The faithful one is the mirror of the Faithful One. *(Hadith)*

Eyes do not perceive Him but He perceives the eyes, He is the subtle and well-informed one. *(Q.6:103)*

Literaturverzeichnis

Abdul-Hadi (Ivan Aguéli), *L'Identité Suprême dans l'Ésotérisme Musulman: Le Traité de l'Unité (Ris-alatul-Ahadiyyah),* Mohyiddin Ibn 'Arabi zugeschrieben, in Le Voile d'Isis, Paris, Jan. und Feb. 1933. Nachgedruckt in *La Gnose*, Paris, Juni, Juli und Aug. 1911.

Erstmals veröffentlicht von Abdul-Hadi in einer italienischen Übersetzung in der arabisch/italienischen Zeitschrift *Il Convito-Al-Nadi*, Kairo, 1907.

Auch veröffentlicht als: *Al-Balabani*, Ibn 'Arabi zugeschrieben, *El Tratado de la Unidad*, Einleitung und Übersetzung ins Französische von Abdul-Hadi und ins Spanische von Victoria Argimón, Hrsg. José J. De Olañeta, Barcelona, Los Pequeños libros de la Sabiduría, 2004.

Austin, R.W.J., *Sufis of Andalusia*, Sherborne, Glos: Beshara Publications, 1988.

Balyani, Awhad al-din, *Épître sur l'Unicité Absolue*, Einleitung und Übersetzung von Michel Chodkiewicz, Paris, Les Deux Océans, 1982.

Burckhardt, Titus, *Mystical Astrology according to Ibn 'Arabi*. Aldsworth, Glos: Beshara Publications, 1977.

Chittick, William C., *The Sufi Path of Knowledge*. Albany, New York, SUNY Press, 1989.

The Self-Disclosure of God, Albany, NY, SUNY Press, 1998.

Hirtenstein, Stephen, *The Unlimited Mercifier: The spiritual life and thought of Ibn 'Arabi*, Oxford, Anqa Publishing, 1999.

Ibn 'Arabi, A Treatise on The One Alone (*Kitab al-ahadiyyah*). In *Divine Governance of the Human Kingdom (At-Tadbirat al-ilahiyyah fi islah al-mam-lakat al-insaniyyah)*, interpretiert von Shaykh Tosun Bayrak al-Jerrahi al-Halveti, Louisville, Fons Vitae, 1997, S. 231-53.

Contemplations of the Holy Mysteries, übersetzt von Cecilia Twinch und Pablo Beneito, Oxford, Anqa Publishing, 2001.

Fusus al-hikam, Hrsg. A. 'Affifi. Beirut, Dar al-Kitab al-'Arabi, 1946.

The Bezels of Wisdom, Übersetzung und Einleitung von R.W.J. Austin, New York, Paulist Press, 1980.

The Ringstones of Wisdom (Fusus al-hikam). Übersetzt von Caner K. Dagli, Chicago, Kazi Publications, 2004.

The Wisdom of the Prophets (Auszüge aus Ibn 'Arabis *Fusus al-hikam*),

Übersetzt ins Französische von Titus Burckhardt und ins Englische von Angela Culme-Seymour, Aldsworth, Glos: Beshara Publications, 1975.

Ismail Hakki Bursevi's Translation of and Commentary on Fusus al-Hikam by Muhyiddin Ibn 'Arabi, übersetzt ins Englische von Bülent Rauf mit der Hilfe von R. Brass und H. Tollemache, 4 Bände, Bd. 1, Oxford und Istanbul 1986; Bde. 2, 3 & 4, Oxford, Istanbul und San Francisco 1987 & 1989, Muhyiddin Ibn 'Arabi Society

'Al-Futuhat al-makkiyya, Beirut, Dar Sadir, o. J.

The Meccan Revelations Bd. I, 2002, Bd. II, 2004. Ausgewählte Passagen übersetzt in M. Chodkiewicz (Hrsg.) mit W.C. Chittick, J.W. Morris, C. Chodkiewicz und D. Gril. (Übersetzung aus dem Französischen ins Englische von David Streight), New York,

Pir Press. Siehe auch Chittick, *Self-Disclosure* und *Sufi Path*, oben aufgeführt, die auch Übersetzungen ausgewählter Passagen enthalten.

Kitab al-alif wa huwa Kitab al-ahadiyya. In *Rasa'il Ibn 'Arabi*, Beirut: Dar Sadir, 1997, S. 44-57. Übersetzt ins Englische von Abraham Abadi als *The Book of Alif* (or) *The Book of Unity*, in *Journal of the Muhyiddin Ibn 'Arabi Society*, 2, 1984, S. 15-40.

The Tarjuman al-Ashwaq: A Collection of Mystical Odes, übersetzt von Reynold A. Nicholson, London, Theosophical Publishing House, 1978.

Stations of Desire: Love Elegies from Ibn 'Arabi und New Poems. Enthält Moderne Übersetzungen von Gedichten aus dem *Tarjuman al-Ashwaq* von Michael A. Sells, Jerusalem, Ibis Editions, 2000.

Jami, 'Abd al-Rahman, *Nafahat al-uns*, Teheran, 1957.

Lamborn Wilson, Peter, Quantum, Chaos and the Oneness of Being: Meditations on the *Kitab al-Alef.* In *Muhyiddin Ibn 'Arabi: Commemorative Volume.* Herausgegeben von S. Hirtenstein und M. Tiernan, Shaftesbury, Dorset, Element, 1993.

Morris, James Winston, Ibn 'Arabi and His Interpreters, Part II-A. In *Journal of the American Oriental Society*, Bd. 106, 1986, S. 733-56. Siehe die Website der Ibn 'Arabi Society: http://www.ibnarabi-society.org/articles/interpreters.html S. 6-15.

Jami's description of Abu Abdallah Balyani: Theophany or "Pantheism"?: the Importance of Balyani's *Risalat al-Ahadiyya'.* In *Horizons Maghrebins*, no. 30, Toulouse, Winter 1995, S. 43-50.

Seeing Past the Shadows: Ibn 'Arabis "Divine Comedy". In *Journal of the Muhyiddin Ibn 'Arabi Society*, 12, 1992, S. 50-69.

Nasr, Seyyed Hossein, *Islamic Philosophy from its Origin to the Present*, Albany, NY, SUNY Press, 2006.

Qushayri, Abu'l-Qasim al-, *Al-Qushayri's Epistle on Sufism*, übersetzt von Alexander Knysh, Reading, UK, Garnet, 2007.

Weir, T. H., *Translation of an Arabic manuscript in the Hunterian Collection*, Universität Glasgow, hauptsächlich Ibnu'l 'Arabi zugeschrieben, Art. XXIX, in *Journal of the Royal Asiatic Society*, London, Okt. 1901, S. 809-25.

Nachgedruckt von Beshara Publications unter dem Titel: Ibn 'Arabi *Whoso Knoweth Himself...* aus dem *Treatise on Being (Risale-t-ul-wujudiyyah)*, London, 1976; und *Whoso Knoweth Himself...: T. H. Weir's translation of the Treatise on Being attributed to Muhyiddin Ibn 'Arabi*, Northleach, Cheltenham, 2007.

In der Reihe KLASSISCHE WEISHEITSTEXTE werden zumeist alte, dabei zeitlose Weisheitslehren veröffentlicht; repräsentiert durch das Symbol höchster Vollkommenheit. – *Bisher erschienen sind außer dem vorliegenden:*

Shankara
Das Kleinod der Unterscheidung

advaitaMedia
Hardcover, 221 Seiten
ISBN: 978-3-936718-72-0

SHANKARA

Das Kleinod der Unterscheidung

Dadurch, dass wir die Welt nicht erkennen, wie sie wirklich ist, unterliegen wir einer großen Illusion, aus der alle Verwirrungen entstehen. Wir sind in unseren eigenen Vorstellungen gefangen. Der Weg der Befreiung liegt in der Überwindung unserer Unwissenheit und Nichterkenntnis, indem die Schleier der Illusion, die diese absolute Wirklichkeit verhüllen, durch das Schwert des Wissens und der Erkenntnis durchtrennt werden.

Shankara lehrt die Nicht-Zweiheit (a-dvaita) von Atman (das innerste Bewusstsein oder Selbst des Menschen) und Brahman (das absolute Sein des Universums). Beide bilden eine untrennbare Einheit, in der alle Gegensätze aufgehoben sind. Brahman ist somit die einzige Realität, während die Welt der Erscheinungen und alle außerhalb Brahman liegenden Bewusstseinszustände zwar vorhanden, und dennoch wegen ihrer Vergänglichkeit nicht real sind.

Shankara (686-718 n. Chr.), als geistiger Lehrer (acharya) auch Shankaracharya genannt, zählt zu den größten Heiligen, Philosophen und Dichtern des alten Indien.

Dieser Band enthält außer seinem Hauptwerk *Das Kleinod der Unterscheidung* eine weitere kleine Schrift: *Tattva-bodha – Die Erkenntnis der Wahrheit.* Diese Perlen spiritueller Unterweisung zählen zu den Höhepunkten der Weisheitsliteratur, die den Suchenden auf dem Weg höchster Erkenntnis begleiten.

advaita media

www.advaitamedia.com

Reihe KLASSISCHE WEISHEITSTEXTE

Sri Karapatra Swami
Advaita Bodha Deepika
Leuchte non-dualer Weisheit

advaitaMedia
Softcover, 168 Seiten
ISBN: 978-3-936718-73-7

Advaita Bodha Deepika

Leuchte non-dualer Weisheit

Das über viele Jahrhunderte mündlich tradierte religiös-philosophische Weisheitswissen der hinduistischen Philosophie, das sich bis ins erste Jahrtausend vor Christi Geburt zurückverfolgen lässt, wurde ab dem 6. Jahrhundert von Vedanta-Gelehrten kommentierend zusammengefasst und schriftlich niedergelegt.

Eine dieser Lehrschriften ist die Advaita Bodha Deepika – Leuchte non-dualer Weisheit, die in acht Kapiteln die wesentlichen Themen des Erfahrungsweges darlegt und dem spirituellen Selbsterforscher wertvolle Unterstützung in die Hand gibt. Sie ist wie üblich als Dialog zwischen Schüler (Sucher) und spirituellem Meister gefasst und dem Advaitavedanta, einer der Hauptschulen des Vedanta, zuzuordnen.

In seiner Klarheit und Einfachheit ist dieser Text höchster Weisheit für nach Erkenntnis Suchende geeignet, die über geringe Kenntnisse der hinduistischen Philosophie verfügen.

Die hohe Qualität dieses Werks hat Sri Ramana Maharshi, den im Westen bekanntesten Vertreter des Advaita, dazu veranlasst, es als eins von ganz wenigen Werken zum Studium zu empfehlen.

advaita media

www.advaitamedia.com

Reihe HEILIGE WISSENSCHAFT

Diese Reihe integriert moderne Impulse innerer Wissenschaft in den uralten Strom ewiger Weisheit, wie sie aus der westlichen Bewusstseinsforschung zufließen; repräsentiert durch das integrale Logo.

OM C. Parkin
Das Erwachen des schlafenden Elefanten

advaitaMedia,
Hochwertiges Softcover,
116 Seiten
ISBN 978-3-936718-63-8

Das Erwachen des schlafenden Elefanten

Der Mensch auf dem Großen Pfad ewiger Weisheit

Der schlafende Elefant symbolisiert den Menschen, der sich seines unermesslichen Potenzials wahrer menschlicher Natur nicht bewusst ist. Doch aus diesem Schlaf muss er erwachen, um das zu verwirklichen, was in ihm angelegt und wozu er bestimmt ist: das Gottesfünklein (Meister Eckhart) in sich wahrzunehmen und zu nähren, bis das Menschsein in Gott verwirklicht ist.

Wer den großen Wunsch verspürt, dem Erwachensweg zu folgen, bekommt hier einen Wegweiser eines verwirklichten Weisheitslehrers in die Hand.

OM C. Parkin
Das digitale Zeitalter aus Sicht der Weisheitslehre

advaitaMedia
Softcover, 59 Seiten
ISBN: 978-3936718423

Das digitale Zeitalter aus Sicht der Weisheitslehre

OM C. Parkin beleuchtet aus der Perspektive der Ewigen Philosophie Wirkung und Folgen der digitalen Revolution. Er zeigt auf, dass die Angst vor der Begrenztheit, die sich in der individuellen Angst vor dem Tod äußert, zu einer inflationären Beschäftigung mit dem Unwesentlichen führt. Mit dem Eintauchen in die sich stetig beschleunigende virtuelle Welt entfernt sich die Menschheit immer mehr von dem tiefen Wunsch nach letzter Erkenntnis, die allein Seelenfrieden verheißt. Heilung ist möglich, wenn wir die Ursache der fehlleitenden Antriebe erkennen und uns auf unsere wahre Bestimmung besinnen – die Verwirklichung des wahren menschlichen Potenzials.

advaita media

www.advaitamedia.com